CLÉMENT BERTHOLET ■ LAURA LÉTOURNEAU
PRÉFACE DE XAVIER NIEL

UBÉRISONS L'ÉTAT AVANT QUE D'AUTRES NE S'EN CHARGENT

ARMAND COLIN

Conception de la couverture : N. Hubert/ A. Bouchez

Armand Colin est une marque de
Dunod Éditeur, 11, rue Paul Bert, 92240 Malakoff

ISBN 978-2-200-61786-8

Préface

Lorsque deux jeunes hauts fonctionnaires m'ont présenté leur travail pour le préfacer, j'ai hésité. Les parcours scolaires trop parfaits n'ont jamais fonctionné : il faut des aspérités pour créer des étincelles.

La perte de souveraineté qu'entraîne l'hégémonie des géants du numérique américains est réelle. Mais il ne faut pas se résigner, en face la France est forte, maligne et ambitieuse ! La petite musique mortifère qui, sur tous les sujets, condamne une France finie et vieillissante appartient à un autre siècle. Les talents sont multiples. Les Français envahissent le monde du numérique : non seulement ils sont partout dans la Silicon Valley, mais ils partent à l'abordage des modèles périmés ici, en France, en Europe. La prise de conscience de cet immense potentiel émerge enfin : la frénésie entrepreneuriale s'empare des jeunes quels que soient les parcours scolaires, leurs compétences, moins chères qu'aux États-Unis, sont chaque jour plus convoitées, les logiques de financement 2.0 se mettent en place, et Londres, capitale européenne des start-up, voit son trône menacé par Paris.

Mais il faut aller plus loin, encourager toutes les volontés et donner sa chance à chacun. C'est ce que la puissance publique, trop rigide, a pour l'instant du mal à faire. Alors ne l'attendons pas, entraînons-là avec nous ! Il faut contourner, jouer les trublions, hacker pour casser les barrières. Ça, seule la société civile en est capable. Le colosse étatique, de l'Éducation nationale en passant par la santé, la justice ou même l'armée, ne pourra jamais faire table rase du passé et se mouvoir avec une totale agilité. Créons d'autres École 42. 42, c'est une formation qui est ouverte à des plus ou moins jeunes de tous horizons mais animés de la même soif d'apprendre et qui essaie d'en faire des *doers*. Des milliers de jeunes (dont 40 % n'ont pas le bac) ont déjà été séduits et motivés par ce modèle atypique. Jamais celui-ci n'aurait pu infuser aussi rapidement dans l'école publique ! Pensez : une école sans professeurs, où la notation se fait par ses pairs, et où personne n'a à cœur de savoir que vous avez un diplôme de Polytechnique ou que vous touchez le RSA, tant que vous travaillez dur. En un mois, vous apprenez l'équivalent d'un BTS en informatique. Surtout : en quelques années, vous êtes embauchés à un salaire digne d'un ingénieur sorti d'une grande école. Alors est-ce qu'au lieu de critiquer l'existant, nous pourrions mettre en mouvement en montrant l'exemple, en montrant que des initiatives alternatives ayant passé l'épreuve des faits marchent ? Piratons et la puissance publique apprendra de ses pirates.

C'est avec tous les talents de la société civile que les services publics de demain devront être co-construits, ils ne peuvent plus être la propriété privée des hauts fonctionnaires. Alors quand j'ai lu ce livre écrit par deux d'entre eux, je me suis dit que les choses étaient peut-être en train de changer. Ils appellent de leurs vœux ce changement de culture, difficile mais absolument nécessaire, de l'ensemble de la fonction publique. Tout ira plus vite si à l'intérieur même de l'État des consciences s'élèvent pour décloisonner, abattre les silos, être à l'écoute de l'extérieur et s'appuyer sur les multiples idées brillantes qui se concrétisent, où qu'elles soient. Ils appellent aussi à un changement de l'état d'esprit de la société civile, qui doit venir à la rescousse d'un

État qui a plus que jamais besoin d'un coup de pouce pour se repenser. Alors peu importe d'où vous venez, que vous soyez fonctionnaire audacieux ou électron libre du privé, la seule chose qui compte est que vous ayez la dalle, l'envie de rentrer par les fenêtres pour défendre vos convictions et le bien commun. Changeons une bonne fois pour toutes la culture de la honte et de l'échec, décomplexons-nous et ôtons-nous de ce poids qui bride toute innovation. Marre d'entendre que la France a « failli » créer tel nouveau produit génial avant les autres car ses experts étaient tellement meilleurs « mais ». Après tout c'est bien chez Free qu'on a créé la Freebox et démocratisé le triple-play, dont l'adoption et le succès sont incontestables et que d'autres pays nous envient ;)

Ce livre est la première pierre du changement qui s'opère. Évidemment, des questions restent en suspens et des applications réelles doivent en naître. Il conviendra à tous de s'en saisir pour proposer et faire, chacun avec ses compétences et surtout, ses passions.

Xavier Niel

Sommaire

Remerciements

Nous tenons à remercier tout particulièrement Xavier Niel, qui a accepté de préfacer notre ouvrage, et Michel Berry pour ses recommandations précieuses et son soutien sans faille.

Nous remercions également Olivier Baujard et Thierry Weil pour leur relecture attentive et leurs conseils avisés.

Merci à Axel Dreyfus, Cédric Nicolas et Benjamin Drener de l'entreprise Finamatic pour nous avoir laissé approcher leur projet de plus près. Merci à Philippe Vrignaud.

Enfin, si les propos de ce livre n'engagent que ses deux auteurs, nous aimerions remercier toutes les personnes que nous avons rencontrées et avec lesquelles les échanges, parfois nombreux, ont donné corps à notre réflexion. Merci donc à :

Nicolas Amar (IGAS), Oussama Ammar (TheFamily), Vivek Badrinath (Accor Hotels), Godefroy Beauvallet (CNNum), Jean-Louis Beffa (Saint-Gobain), Jean-Michel Billaut (MediaWen), François Bourdoncle (FB&Cie, Exalead), Antoine Brachet (les100barbares), Paul-Marie Chavanne (GeoPost), Jérôme Chemin (CFDT), Laurent Cytermann (conseiller de Myriam El Khomri), Xavier Dalloz (XDC), Jean-Marc Daniel (économiste), Christophe Deshayes (DigitalMatters), Frank Desvignes (AXA), Stéphane Distinguin (FaberNovel, Cap Digital), Paul Duan (Bayes Impact), Guillaume Dumas (Institut Pasteur), Kevin Echraghi (FaberNovel), Olivier Esper (Google), Olivier Ezratty (Opinions Libres), Olivier de

Fresnoye (Epidemium), Thierry Gaudin (Fondation 2100), Sylvain Géron (Polyconseil), Doryane Huber (BNP Paribas), Denis Jacquet (Observatoire de l'Ubérisation), Lionel Janin (France Stratégie), Hervé Kabla (Be Angels), Laurent Kennel (eCab), Laurent Daniel (OCDE), Romain Lacombe (PlumeLabs), Hacene Lahreche (Creative Valley), Philippe Lemoine (Forum d'Action Modernités, Fing), François Loviton (Google), Alexis Masse (CFDT), Pierre Messulam (SNCF), Louis Moullard (FaberNovel), Patrick Olivier (Elsan), Florent Pagnoux (DINSIC), François-Xavier Petit (Creative Valley), Pierre Pezziardi (DINSIC), Julie de Pimodan (Fluicity), Grégoire Postel-Vinay (Direction générale des entreprises), Jean-Emmanuel Ray (professeur de droit social), Claude Revel (ex-déléguée interministérielle à l'intelligence économique), Claude Riveline (professeur de gestion des organisations), Thierry Salmona (Imerys), Jean-Charles Samuelian (Alan), Igor Schlumberger (PrestaShop), Sébastien Soriano (Arcep), Jean-Marc Steffann (La Poste), Henri Verdier (DINSIC), Fabienne Weibel (BlaBlaCar), Jean-Michel Yolin (CGEIET).

Merci à Zoé et Simon.

Introduction

Ubériser. Le mot est dans tous les esprits, le terme sur toutes les bouches. Il fascine autant qu'il inquiète. Pas un journal sans un article, pas un rapport sans un paragraphe sur l'ubérisation. Toutes les entreprises établies, quel que soit le secteur, sentent une menace poindre, encore indistincte pour certains, bien réelle pour d'autres.

Des taxis tous occupés le samedi soir, des chauffeurs rarement aimables quand ils n'étaient pas au téléphone : Uber est arrivé. Des chambres d'hôtel mornes et impersonnelles : Airbnb a proposé une expérience nouvelle et personnalisée au voyageur, lui faisant découvrir une ville mais aussi ses habitants. Des tarifs trop élevés et des gares de moins en moins desservies par les trains de la SNCF : BlaBlaCar a fait le choix de la convivialité et du partage du prix. Les médias voient Netflix d'un mauvais œil, Coursera attaque l'enseignement supérieur, Ex & Co veut remplacer les experts comptables et Testamento, les notaires. Même les tout-puissants médecins sont inquiets de constater l'apparition de plateformes comme Epiderm qui offrent un premier niveau de diagnostic. Mais le phénomène va encore plus loin : les banques et l'industrie lourde (Saint-Gobain et Imerys par exemple) se préparent à l'ouragan et pensent leur transformation nécessaire à court ou moyen terme. La peur de disparaître a fait germer les cellules innovations, les séminaires sur la transformation numérique et les incubateurs de start-up. Quant aux CDO (*Chief Data Officer*), quasi inexistants il y a quelques années du paysage de l'entreprise, ils siègent aujourd'hui aux comités de direction des plus grandes firmes.

Alors, à qui le tour ? Tout le monde voit l'ubérisation à sa porte. Les sceptiques sont de moins en moins nombreux. Les états-majors manigancent les contre-attaques adaptées, avec plus ou moins de succès. Les consciences ont fait leur mue. Pourtant, un acteur économique majeur, se persuadant de sa propre permanence, refuse de voir la menace. À tort : son ubérisation a déjà commencé. Ce colosse aux pieds d'argile qui ne s'y attend pas présente pourtant le terrain le plus propice à être ubérisé. Ce géant impassible, c'est l'État. La puissance publique est tournée vers elle-même. Les services publics ne semblent pas toujours au service du public : les contraintes administratives ont remplacé les usages citoyens comme points cardinaux de l'action publique. L'État a perdu son lien avec la multitude des citoyens que nous sommes. Il est aujourd'hui incontournable mais sclérosé. Incontournable car en situation de monopole, comme tant d'acteurs qu'Uber et consorts ont bousculé. Sclérosé car il ne s'est pas toujours suffisamment adapté aux attentes de la société. Il doit cependant avoir cette exigence; sans quoi il risque de voir une part croissante de citoyens se détourner de lui. Le péril n'est pas fantasmé : à un moment, l'écart entre ce qui sera proposé par les « ubérisants » et l'Administration sera tel que les citoyens feront le choix des premiers.

Le plus souvent, nous montrerons comment et pourquoi, les menaces viendront des GAFA. Délibérément ou non, Google, Apple, Facebook et Amazon marchent sur les platebandes du service public en proposant d'ores et déjà des services alternatifs dont l'efficacité menace d'obsolescence l'existant. Le Safety Check (ou contrôle d'absence de danger) de Facebook relègue à la préhistoire les numéros verts, Google et Apple sont omniprésents dans le secteur de l'e-santé et de la prévention des risques, Amazon a déjà sa propre monnaie, Amazon Coin, et la course au transport intelligent fait rage. Alors pourquoi les GAFA n'investiraient-ils pas aussi le développement économique des pays pauvres, la justice, la police, voire même l'armée ? Messies pour certains, dangereux libertariens pour d'autres, les géants du numérique s'appuient sur les faiblesses et les lenteurs de l'Administration et finiront par remplacer l'État.

Si l'ubérisation peut faire peur, il faut pourtant la voir comme une chance et non comme une menace. Il faut la considérer comme une opportunité unique de transformation vers plus d'efficacité administrative et de fonctionnement démocratique. Malgré le portrait sévère que nous dressons de l'action publique, nous ne souhaitons pas qu'elle soit victime d'une ubérisation étrangère à nos valeurs qui ne nous laisserait le choix de rien.

En revanche, nous voudrions qu'elle prenne tout ce qu'il y a aussi de bon chez les acteurs de l'ubérisation (quels qu'ils soient : start-up françaises, européennes, américaines ou même GAFA). Qu'elle s'inspire de leurs méthodes, mais pas uniquement, qu'elle s'appuie sur leur capacité d'innovation, de disruption et leur agilité, veillant toujours à ce qu'elle serve l'intérêt général et qu'elle en fasse sa force. L'action publique doit s'ubériser elle-même : refuser de l'admettre, c'est prendre le risque d'être ubérisé d'une façon qui ne lui ressemble pas, qui ne nous ressemble pas. C'est faire fi d'une résolution politique et collective pourtant indispensable.

Nous montrerons à quoi ressemblera l'État ubérisé que nous appelons de nos vœux, tant dans la distribution de service public que dans la production même du service. La transformation, structurelle et culturelle, est considérable : elle demande le passage d'un État qui décide de tout à un médiateur qui consulte, fait émerger des consensus, s'appuie sur des innovations qu'il n'aurait pu développer seul. La puissance publique n'y arrivera pas toute seule : c'est à nous individus, entreprises, fonctionnaires, retraités, étudiants, société civile, collectifs, de faire pression, de participer, de proposer pour que l'Administration réponde aux besoins de la société et évolue à marche forcée. La sphère publique qui manque aujourd'hui de relais dans la société civile doit trouver demain des milliers de partenaires avec qui travailler et à qui faire confiance.

Nous pourrons enfin faire plus que marquer notre désaccord, nous pourrons participer et proposer, remodeler et faire muter. Nous écrivons ici un plaidoyer pour un nouvel État : un État ubérisé, un État devenu plateforme, un État incontournable mais ouvert et qui saura générer la collaboration, un État souverain. Ubérisons l'État avant que d'autres ne s'en chargent.

Partie I

L'État bientôt ubérisé : la menace fantôme

La plupart des acteurs économiques s'accordent à dire que l'ubérisation menace tous les secteurs à plus ou moins long terme. Les administrations publiques, notamment en France, observent le phénomène et tentent tant bien que mal de le réguler, tiraillées d'un côté par les lobbies de l'économie traditionnelle qui voient leur rente s'effondrer et par les questions de protection sociale et de concurrence déloyale qui ne manquent pas de se poser, d'un autre côté par la perspective d'emploi pour des populations qui en sont habituellement éloignées et par l'engouement pour ces plateformes d'avenir. Mais, du haut de leur invincibilité centenaire, elles n'imaginent nullement en être la prochaine cible. Cette menace, fantôme car encore indistincte, éparse, dissimulée, est pourtant bien réelle. Les géants du numérique, portés par leur idéologie du défi permanent, n'ont que faire des atermoiements des États. Consciemment ou non, ils œuvrent à l'ubérisation de la puissance publique.

1

Ubérisation par-ci, ubérisation par-là

L'année 2008 est celle d'une « triple entente » inédite, d'une conjonction de dynamiques économiques, technologiques et sociétales. C'est dans ce contexte particulier qu'apparaît le phénomène d'ubérisation. L'ubérisa-quoi ?

Cartographie des définitions

Il n'est pas un jour sans qu'un article de presse ne titre sur l'« ubérisation ». Pourtant, aucun n'en donne exactement une définition identique. L'existence même du mot peut nous amener à croire qu'il existe un consensus, une ontologie derrière ce qu'il recouvre. Il n'en est rien.

Le sens qui lui est attribué dépend souvent du point de vue de celui qui l'emploie : l'ubérisation n'a pas la même connotation pour un chauffeur de taxi, un jeune de banlieue, un entrepreneur de la Silicon Valley ou la Direction générale des Finances publiques.

L'assimilation immédiate et facile au seul diagnostic d'Uber cache d'ailleurs la complexité du sujet. Uber est le cas qui a dévoilé et explicité le phénomène par son caractère très intrusif. Ancré dans le monde du physique, touchant de près ou de loin une grande partie des citoyens, c'est lui, avec ses problématiques sociétales fortes, qui a agrégé tous les ressentiments. Cependant certains diront que ce n'est pas le cas le plus emblématique du phénomène d'ubérisation, et que « si Uber est un parfait exemple de guerre éclair, il n'est pas forcément le meilleur exemple d'invincibilité[1] ». Idéalement le terme serait sûrement à réinventer car la tentation est grande de l'appliquer (souvent avec une connotation négative) à une multitude de projets et d'entreprises innovantes dont le modèle d'affaire est très différent.

Alors qu'est-ce que le phénomène d'ubérisation ? Essayons d'établir un panorama des définitions ou des notions les plus souvent invoquées lorsqu'il s'agit d'ubérisation.

Pour certains, l'ubérisation c'est la **désintermédiation**. C'est l'idée du contournement, l'idée que le numérique permet une mise en relation qui court-circuite les intermédiaires. Une mise en relation entre individus parfois, comme dans l'« économie pair à pair » (*peer-to-peer*) dont le terme laisse penser que le contact est direct entre demandeur et offreur. C'est pourtant une plateforme très centralisée qui se glisse entre les « pairs ». L'ubérisation n'est pas une désintermédiation mais une nouvelle intermédiation – qui n'existait pas avant, dans le cas d'Airbnb ou de Foodora, ou qui en remplace une autre, dans le cas d'Uber qui marginalise la plateforme téléphonique de réservation G7.

Pour d'autres, l'ubérisation est simplement une **dématérialisation** par le numérique. Le numérique est nécessaire au développement des ubérisants, mais n'en est pas le moteur principal. Personne ne dira d'ailleurs jamais qu'une banque est une entreprise numérique, pourtant elle se dématérialise. Associer l'ubérisation à ce seul principe c'est ne retenir du numérique qu'une certaine idée de la fluidification de la communication, là où pourtant il casse tous les modèles classiques de création de valeur.

Certains l'identifient encore à l'**économie collaborative**, mot lui-aussi « valise » recouvrant des entités porteuses de projets très différents dans leur finalité comme dans leur *process*.

D'abord parce que le type de collaboration mis en œuvre est varié – il peut s'agir de co-construction, de co-usage (simultané ou non) ou de co-entretien, et parce qu'elle peut porter sur des types d'objets différents : des biens matériels, des services, des symboles (tels que des textes, des vidéos, etc.). BlaBlaCar, qui entre dans ce que l'on appelle souvent l'économie du partage, correspond au co-usage d'une voiture. Wikipédia, modèle de l'économie de la contribution, correspond à de la co-construction de connaissance (transcrite par des contenus texte). Les crèches parentales sont un co-usage de service.

Mais, outre la diversité de la nature de la collaboration, les modèles économiques des entreprises sont très variés. Il est d'ailleurs surprenant de souvent trouver dans la même catégorie des acteurs du monde de l'économie sociale et solidaire et des représentants d'un capitalisme très libéral.

Marie-Anne Dujarier, sociologue du travail (Sorbonne Nouvelle et CNRS), a tenté une première esquisse de catégorisation en triant les acteurs selon deux critères : la nature marchande ou non des échanges qui s'opèrent et le caractère lucratif ou non de la plateforme[2]. Uber et BlaBlaCar sont deux plateformes à but lucratif, mais la première procède à des échanges marchands alors que ceux réalisés sur la seconde ne sont pas considérés comme tels puisqu'il s'agit uniquement d'un partage de frais. Le cas d'Airbnb est plus tangent et dépend du prix de la location indiqué par l'hôte. Le montant n'étant pas plafonné (comme c'est le cas pour BlaBlaCar), le loueur peut faire du profit. Les crèches parentales et Wikipédia n'ont pas de but lucratif, mais les crèches impliquent des échanges marchands alors que l'accès à l'encyclopédie collective est libre.

Devant la variété des situations et l'inclusion de projets ultra-capitalistes sous l'appellation d'économie collaborative, certains sont tentés de dire que celle-ci a été détournée et utilisée comme un vernis à la mode. Les plus cyniques la verront comme un cache-sexe de l'internalisation d'externalités positives, c'est-à-dire la monétisation de services auparavant bénévoles et gratuits. C'est BlaBlaCar qui fait payer l'auto-stop, c'est Airbnb qui a supplanté Couchsurfing. Les autres seront forcés de constater que c'est pour l'instant la plateforme qui capte l'essentiel de la valeur (et non les individus, aussi marchands soient les échanges qui s'opèrent entre eux). C'est ce qu'indiquait déjà la couverture du magazine *Forbes* de février 2013 dédiée aux entrepreneurs de l'économie collaborative et intitulée « *Who wants to be a billionaire ?*[3] ».

Mais alors peut-on restreindre l'ubérisation à l'économie collaborative ? Ou plutôt, peut-on inclure tous les ubérisants sous cette appellation ? Il est difficile d'appliquer la notion de co-usage d'une voiture et celle, sous-jacente à l'économie collaborative, de concurrence par les amateurs au cas d'Uber lui-même. En France, UberPop ayant été interdit, le service est assuré par des professionnels (détenteurs de la licence VTC ou exerçant en capacitaire) qui le plus souvent louent une voiture pour pouvoir devenir chauffeurs sur la plateforme. Il est également difficile de parler d'une quelconque forme de collaboration au sujet de Spotify ou de Netflix, qui sont pourtant les acteurs principaux de l'ubérisation de l'audiovisuel. D'ailleurs, le mot ubérisation n'aurait-il pas été inventé en réaction à celui d'économie collaborative, pour insister sur la face sombre de ces plateformes qui jouent avec les ambiguïtés des cadres légaux (sectoriels, statutaires, fiscaux) ? Que ce flirt avec la réglementation soit jugé de façon négative ou positive (condition inévitable à la création d'un service innovant), c'est une des caractéristiques de l'ubérisation qui achève de nous convaincre qu'une assimilation stricte entre ubérisation et économie collaborative serait trop hâtive.

Qu'en est-il de l'autre côté de l'Atlantique ? Aux États-Unis, l'ubérisation a souvent une utilisation beaucoup plus stricte qui se restreint à l'**économie à la demande**, cette nouvelle économie permise par les avancées technologiques et qui apporte au consommateur ce qu'il veut sur le champ. Elle inclut tous les services *on-demand* censés rendre la vie quotidienne plus simple et plus fluide en répondant aux besoins en un simple clic : trouver un taxi (Uber), faire des courses (Instacart), voire faire un repas (Foodora), etc. Cette définition n'inclut malheureusement pas des plateformes comme Airbnb ou BlaBlaCar, dans lesquelles les appartements ou les chauffeurs ne sont pas disponibles à la demande. Le fonctionnement de ces derniers nécessite d'ailleurs un nombre de participants bien supérieur à celui requis par des entreprises comme Hotel Tonight (réservation d'un hôtel à la dernière minute) ou Uber afin d'assurer une offre suffisante qui attire les utilisateurs.

Si toutes les définitions évoquées ne conviennent pas parfaitement, elles ont néanmoins le mérite d'exposer des caractéristiques qui se retrouvent souvent chez l'un ou l'autre des ubérisants. Définir l'ubérisation est un travail complexe tant le phénomène est récent et tant son évolution apportera son lot de surprises. Seul le recul pourra permettre d'expliciter le phénomène avec plus de certitude. En attendant, remontons à l'origine du mot et essayons de poser quelques principes de base sur lesquels nous pourrons nous appuyer par la suite.

Ubérisation, définition

Le mot a été créé en décembre 2014 par un Français. Interviewé par le Financial Times, Maurice Lévy, PDG de Publicis, affirme alors que « tout le monde a peur de se faire ubériser. C'est l'idée que l'on se réveille soudainement en découvrant que son activité historique a disparu[4] ». Cette citation est moins intéressante par la peur qu'elle véhicule que par l'idée de disruption, de bouleversement et d'incompréhension qu'elle laisse transparaître et que l'on va essayer d'expliquer.

Nous définirons donc l'ubérisation ainsi :

Ubérisation : *n.f.*, disruption rapide de modèles économiques existants par des plateformes numériques de confiance sans infrastructures physiques ni opérateurs et centrées sur le client.

Reprenons plus en détail les trois piliers sur lesquels les ubérisants s'appuient pour disrupter les modèles d'affaire existants.

Les ubérisants sont des plateformes numériques de confiance. La confiance s'acquiert *via* la notation qui permet d'apprécier la réputation de chaque offreur de service auprès de ses usagers. Le numérique, bien que n'étant pas au cœur de la logique de disruption, est crucial car il permet de faire levier et de passer à l'échelle supérieure. C'est ce potentiel de scalabilité, cette capacité à monter en charge rapidement qui caractérise les champions du numérique et qui les différencie des entreprises du monde physique que nous avons connues auparavant. La vitesse de déploiement est maintenant considérable et c'est elle qui est responsable du bouleversement ressenti par les acteurs existants – acteurs qui ne parviennent pas à anticiper la menace tant le paradigme de la plateforme innovante est différent de celui auquel ils sont habitués. Les plateformes ne se focalisent pas sur le cœur de métier (transporter, loger, etc.) mais sur l'appariement de l'offre et de la demande. Ce sont des places de marché qui parient sur la mise en relation la plus fluide possible des offreurs et de leurs clients. Chez Airbnb le logement n'est pas un service fourni directement par la plateforme. La proposition de valeur réside dans la recherche d'hébergement, dans la réservation, le paiement, l'assurance, la notation. C'est ce qu'explique le Directeur technique d'Airbnb en ces termes : « *Fondamentalement, nous avons construit une plateforme qui facilite les paiements, les commentaires et les recherches.* [...] *J'aime imaginer que les hôtes sont des micro-entrepreneurs à qui nous avons fourni un kit d'hospitalité*[5] ».

Ces plateformes n'ont ni infrastructures physiques ni opérateurs. Uber et BlaBlaCar n'ont ni voitures (infrastructures) ni chauffeurs (opérateurs) ; Airbnb n'a pas plus d'hôtels qu'il n'a de personnel d'accueil, de restauration, d'entretien ou de sécurité. Leur cœur de métier est dans la mise en relation d'individus qui apportent eux-mêmes les actifs physiques nécessaires à l'exercice du service. Le « parc » des plateformes (nombres de voitures ou d'hôtels) est très liquide et s'ajuste automatiquement avec la demande. La révolution est comparable à celle provoquée par l'introduction des actions dans le monde de la finance : il est possible de se débarrasser d'un actif dans la seconde sans avoir de compte à rendre à personne. C'est aussi la tactique choisie par les opérateurs de réseau mobile virtuel (*Mobile Virtual Network Operators*, MVNO), qui ne possèdent pas d'infrastructures réseaux et de concession de fréquences propres mais qui passent des accords de licence avec les opérateurs en possédant et vendent des forfaits sous leur marque propre. Finalement, en se concentrant sur les à-côtés, les plateformes numériques s'absolvent des contraintes du monde physique. Si elles sont très centralisées et captent la grande majorité de la valeur, la production de services est quant à elle totalement décentralisée et atomisée.

Enfin, ces plateformes sont centrées sur le client. Elles ne sont pas dans une logique « J'ai un marteau, où sont les clous ? » mais partent de certains besoins réels du consommateur, conscients ou latents, et imaginent des solutions. Uber n'a pas cherché à améliorer la vitesse pour aller d'un point à un autre, mais a fait en sorte que nous puissions prévoir l'arrivée d'un véhicule, que nous n'ayons pas à nous préoccuper du chemin à emprunter ni de la façon dont il était possible de payer. Netflix a très bien su analyser le marché et a fini par proposer la série idéale : *House of Cards*, fresque politique sur les effrayantes coulisses de l'accession à la présidence et de l'exercice du pouvoir aux États-Unis, a été conçue en fonction des données des « ordispectateurs » qui, par leurs préférences (d'acteurs, de scènes), ont orienté son casting et sa production. Airbnb a fait en sorte de nous empêcher de rester résignés devant l'uniformité de l'offre d'hôtels et de nous éviter toute mauvaise surprise grâce à la notation des utilisateurs. Et avec quel succès !

L'ubérisation, par la mise en relation des demandes conscientes ou latentes et des offres proposées par l'intermédiaire de plateformes sans infrastructures physiques ni opérateurs, bouleverse les codes des modèles économiques traditionnels. Mais quels sont ceux de cette nouvelle économie numérique ?

La nouvelle économie à l'heure de l'ubérisation

L'ubérisation apparaît bien plus comme une innovation économique et sociale que technologique. Dès lors, le produit (i.e. la plateforme) étant à faible valeur ajoutée technologique, il est facilement réplicable, imitable. Il s'agit de s'installer rapidement sur le marché afin d'atteindre un niveau de suprématie incontestable sur le segment et d'éviter de se faire supplanter par un concurrent. Là où, dans l'ancienne économie, on lançait son produit avant d'en récolter une manne financière qui permettait de partir à la conquête du monde, le cheminement est aujourd'hui inversé. Après le lancement du produit, il est nécessaire de lever tout de suite des sommes importantes auprès d'investisseurs pour s'implanter à l'international avant de profiter de la rente financière. C'est ainsi que BlaBlaCar, leader encore peu connu en France, a inauguré dès 2009 son service en Espagne et a levé en 2012 plus de 7 millions d'euros pour financer son expansion européenne. Aujourd'hui, la licorne française est présente dans 22 pays dont l'Inde (où elle rencontre un immense succès) et le Brésil. À titre de comparaison, le fleuron français de l'électroménager, SEB, fondé en 1857, attend les années 1970 pour débuter son expansion internationale.

Cette projection internationale rapide et nécessaire est liée à un phénomène de l'économie numérique en général, de l'économie ubérisée en particulier : le phénomène de « *winner takes all* » (littéralement, « le gagnant prend tout »). S'il est essentiel d'aller le plus vite possible conquérir le monde, c'est parce qu'il faut être le premier à gagner le maximum de parts de marché. À partir d'une certaine masse critique d'utilisateurs, il est très dur pour les concurrents de renverser la tendance. Même Google Plus n'a pas réussi à renverser Facebook. Dans l'économie des biens réels, on parle d'effets de réseau à rendement croissant. À quoi sert d'avoir un téléphone si aucun de vos amis n'en a ? Appeler les quelques inconnus qui en possèdent un ? Aucun intérêt. Dans l'économie numérique, c'est la même chose : la satisfaction des usagers et l'incitation à utiliser le service augmentent avec le nombre d'utilisateurs du service... La conquête d'un nouveau client vient renforcer le réseau et se fait à coût marginal nul : le coût supplémentaire qu'induit la production d'une unité d'un produit est aboli. Dans le cas d'Uber, qui met en relation des chauffeurs et des personnes cherchant à se déplacer, ces dernières trouvent un service de meilleure qualité lorsque les voitures sont plus nombreuses, ce qui garantit moins d'attente. Inversement, les chauffeurs opèrent de façon bien plus rentable lorsque les clients d'Uber sont nombreux. La plateforme numérique qui agrège l'offre et la demande devient le point de rencontre, l'endroit où se concentrent tous les regards, la place d'un marché que l'on qualifie de biface. Ces plateformes forment donc rapidement de nouveaux monopoles. Cependant ceux-ci ont des caractéristiques sensiblement différentes des monopoles « naturels » que l'économie classique définit. Certains les qualifient même de « monopoles créatifs » : s'ils n'innovent pas en permanence, leur position acquise peut rapidement se faire bousculer par la horde bouillonnante de disrupteurs qui remodèlent sans cesse le paysage avec de nouvelles offres.

Les nouveaux modèles associés au numérique et aux plateformes de type Uber bouleversent des principes que l'on croyait inscrits dans le marbre. On passe d'une économie traditionnelle où la production de masse est assurée par des salariés, où la consommation de masse est uniforme et où les systèmes bancaires et de protection sociale sont adaptés, à une économie numérique où le producteur est à la fois consommateur (on parle de prosommateur), où le salariat n'est plus le mode d'organisation dominant, une économie qui ne connaît plus de frontières et où la consommation est personnalisée[6]. Le système de financement et de protection sociale n'a pas évolué en conséquence. Dans cette nouvelle économie, le client est naturellement la priorité numéro un des ubérisants. Le challenge est à présent davantage dans la protection du travailleur que dans celle du consommateur. Les impacts sont de fait faramineux et posent de nombreuses questions sur le plan tant de l'emploi que du droit du travail (est-ce la fin du salariat ?) ou du partage de la valeur. La liste pourrait être bien plus longue. Autant de questions fondamentales qui pourraient faire l'objet de plusieurs livres et qui s'écartent quelque peu du sujet : l'ubérisation de l'État.

Si l'ubérisation est, comme on la définissait, la disruption rapide des modèles existants par des plateformes numériques de confiance, sans infrastructures et centrées sur le client, à quoi peut bien ressembler celle de l'État ?

2

L'ubérisation de l'État

Persuadé de sa propre permanence, l'État ne veut voir ni concurrence ni menace. De fait, parler d'ubérisation de l'État peut étonner. Et pourtant, il travaille sur des acquis dans un environnement protégé (comme G7 le faisait) sans se soucier des irritants multiples qui affectent les citoyens.

Les services publics ubérisés

Le terrain est donc propice à l'ubérisation. Un à un, les services publics qui nous sont chers sont menacés, parfois balayés par des initiatives venues de tous les horizons. Vraiment ?

Prise de conscience

Le soir du 13 novembre 2015, alors que Paris est frappé par une vague d'attentats tragiques, Facebook lance immédiatement son Safety Check. Le service demande aux Parisiens s'ils sont en sécurité et en informe leurs amis. On peut savoir en temps réel qui de nos proches s'est déclaré à l'abri, on peut signaler les personnes que l'on sait saines et sauves. En moins de 24 heures, le service reçoit plus de 4 millions de réponses, rassurant 360 millions d'amis ou de proches. Quelle efficacité au regard du traditionnel numéro vert du ministère de l'Intérieur ! Laurent Solly à la tête de Facebook France, certainement conscient d'empiéter sur l'une des compétences de l'État, avait d'ailleurs demandé l'accord du gouvernement avant de mettre en place ce service. Testé pour la première fois lors du séisme meurtrier au Népal en avril 2015, il a depuis été déclenché au Nigeria suite à des attaques terroristes en novembre 2015, en Inde lors d'inondations notables de décembre 2015 ou encore après la terrible attaque d'Orlando en juin 2016. Si quelques ratés sont à déplorer, si certaines critiques s'élèvent, le Safety Check n'en demeure pas moins un succès franc et massif.

De même, on imagine facilement des solutions numériques et agiles, souvent des plateformes, venir se jouer des lourdeurs administratives et faire levier sur les demandes des populations. Leur leitmotiv : mieux répondre aux besoins des citoyens. Ubérisation, vous dites ? En voici d'autres exemples.

La presse en fait souvent sa une : Google veut conquérir les secteurs de l'assurance et de la santé. En 2015, le géant californien a ainsi investi plus de 30 millions de dollars dans la start-up Oscar Health qui axe sa politique d'assurance sur l'orientation des clients vers les meilleurs praticiens, le management du risque par la donnée et l'incitation financière à la prévention des risques. Cela ne semble plus choquer : 59 % des Français font confiance aux acteurs du numérique pour la prévention sanitaire, chiffre qui atteint même 68 % chez les jeunes qui placent Google et consorts au même niveau que les assureurs, complémentaires et mutuelles[1]. Pas de quoi s'inquiéter donc lorsque *The New Scientist* révèle que la filiale de Google, DeepMind, épluche les données de santé de 1,6 million de patients londoniens suite à un accord tenu secret avec trois hôpitaux du *National Health Service* (NHS)[2].

Google sait par ailleurs bien mieux analyser les données que les services gouvernementaux de santé publique. Là où il faut attendre les retours des 1 000 médecins sentinelles répartis en France pour annoncer une épidémie de grippe, Google peut le dire bien avant à la simple vue de l'augmentation significative des recherches sur des symptômes grippaux. Cette stratégie de collecte de données à travers les entrées clavier des milliards d'utilisateurs du plus célèbre des moteurs de recherche est une mine d'informations inimaginable dont le potentiel ne peut être occulté. Nous y reviendrons.

Le Conseil national du numérique, commission consultative indépendante instituée en 2011 par le président de la République, évoque également le développement par Apple de l'Health Kit (sorte de carnet de santé 2.0) et estime que « *de grandes entreprises commencent ainsi à proposer des services équivalents voire concurrents aux services publics*[3] ».

Dans l'éducation, c'est Microsoft qui, pour certains, se substitue à l'État, « prenant en charge toute l'organisation scolaire, le déploiement de plateformes et la gestion des équipements mobiles sur toute la chaîne métier » écrit Sophie Pène dans Medium en réaction au partenariat signé fin 2015 avec l'Éducation nationale[4]. Cela va bien au-delà d'une prestation de service : management des décideurs, construction de parcours pédagogiques, plateformes de jeux intelligents, apprentissage adaptatif où la difficulté de l'exercice est adaptée en fonction de l'élève, écosystème cloud : tout sera proposé et coordonné par Microsoft. La version éducative du célèbre jeu Minecraft vient d'ailleurs d'être lancée en grande pompe dans les écoles françaises afin de stimuler la collaboration, l'échange, la créativité dans la résolution de problèmes.

Il est souvent difficile pour les étudiants et leurs parents désabusés de se repérer parmi les multiples offres de licences et de masters proposés dans l'enseignement supérieur. Quelle est la valeur réelle de la formation pour quels débouchés ? Difficile de juger à la seule vue des plaquettes publicitaires des établissements. Pourtant une solution innovante et numérique est à portée de main : la plateforme LinkedIn pourrait révolutionner l'orientation scolaire en étant la seule véritablement capable de suivre la carrière des anciens étudiants et de faire le lien entre les formations et les entreprises. Le potentiel est évident tant la base d'utilisateurs croît et les données s'amassent. À partir de ces informations, LinkedIn peut analyser l'impact de telle ou telle licence, de tel ou tel master dans la réussite professionnelle ultérieure et pourrait à terme classer les établissements[5]. Une nouvelle fois, le Conseil national du numérique alerte : « *LinkedIn possède assez de données pour évaluer de l'extérieur la qualité de vie dans les universités et la valeur des cursus dans les carrières et assurer des propositions de parcours ajustés aux étudiants. Derrière ce laissez-faire se joue un manque à gagner stratégique pour l'Université : elle se prive du potentiel des informations sur les parcours et les perspectives professionnelles pourtant essentielles à l'évolution de l'offre de formation universitaire, ainsi que de la captation de réseaux d'alumni*[6] » – LinkedIn, qui vient d'être racheté pour 26 milliards de dollars par un certain… Microsoft.

Dans les transports publics, qu'en serait-il si Google (l'inventeur de *Maps* qui a révolutionné notre façon de nous déplacer) était en train de développer la plateforme de mobilité de demain ? La Google Car n'a qu'un intérêt limité dans le *business model* de Google, c'est le système d'exploitation et de gestion du parc automobile qui importe. Dans cinq ans, dans dix ans, à la fin de votre réunion inscrite à votre agenda Google Calendar, une voiture autonome partagée vous attendra pour vous mener à votre prochaine destination. Finies les voitures personnelles garées 97,3 % du temps. Finis les embouteillages. Bonjour aussi les bus électriques intelligents qui optimisent leur parcours en fonction des besoins des citadins en temps réel. Finis les parcours prédéfinis, bonjour l'univers des possibles ! L'enthousiasme est peut-être excessif, l'horizon de temps minimisé, mais beaucoup d'acteurs de l'automobile convergent vers le constat de ce changement inévitable qui transformera les sociétés occidentales que nous connaissons aujourd'hui. Certains allaient même jusqu'à s'interroger sur la pertinence de construire le Grand Paris Express qui pourrait paraître obsolète au moment de sa mise en fonction.

On pourrait ici multiplier les exemples plus ou moins futuristes. Retenons que l'ubérisation concerne tous les secteurs de service public (sécurité, santé, éducation, transports collectifs, etc.). Retenons aussi que les fers de lance de l'ubérisation des services publics sont bien plus souvent les GAFA (ou plutôt les GAFAM tant Microsoft se rapproche du quatuor) que Uber ou Airbnb. Pourquoi ? Si Uber a très bien su s'attaquer à une niche existante, beaucoup échouent. Les activités sont peu rentables les premières années. Les jeunes entreprises ne peuvent le supporter, les géants du Web ont quant à eux suffisamment de revenus, de fonds propres, de ressources actionnariales en parallèle ainsi qu'une maîtrise incontestable, absolue et supérieure de l'or noir du XXIe siècle, les données, pour se lancer dans de tels projets. Ils le font directement ou indirectement en rachetant certaines start-up, en investissant dans d'autres. Un détour sur le site du fonds d'investissement Google Ventures vaut la peine tant le portefeuille est impressionnant[7]. La prise de conscience est immédiate : si Uber ou Airbnb peuvent ubériser les taxis ou les hôtels, seules les entreprises stars de la Silicon Valley peuvent tout faire, ubériser nos vies. Le fonds a racheté près de deux fois plus de start-up que la totalité du SBF120[8] ces trois dernières années. Si parfois Google joue à l'opérateur télécom avec *Google Fiber* en installant la fibre dans des États américains sous-équipés comme le Kansas et concurrence frontalement les acteurs existants, la plupart du temps les GAFA ubérisent réellement les services publics, en créant des plateformes numériques sans infrastructures qui attaquent l'existant par surprise, en diagonale.

Tout est ubérisable, même le régalien

Les services publics sont des missions assurées par une personne morale de droit public ou sous son contrôle en vue de la satisfaction d'un besoin d'ordre collectif. Bien entendu, les secteurs concernés par l'appellation « service public » relèvent beaucoup de l'époque et du lieu. S'il paraît évident aujourd'hui en France que les soins de santé sont un service public, rien n'était moins sûr sous Louis XI ou aux États-Unis il y a encore quelques années. On catégorise souvent en France les services publics en trois types : les services publics marchands (c'est le cas des transports, des télécommunications ou du courrier par exemple) – qui sont le plus souvent financés par des activités commerciales, les services publics non marchands (comme la santé ou l'éducation) – qui sont généralement financés (au moins en partie) par l'impôt – et les services publics régaliens liés à la souveraineté de l'État (la défense, la sécurité, la justice, l'émission de la monnaie et justement le prélèvement de l'impôt) – qui sont généralement financés entièrement par l'impôt. Les services publics marchands sont déjà touchés par l'ubérisation (La Poste ne voit-elle pas avec crainte et effroi Amazon venir sur son territoire ?), et les non marchands également. Mais qu'en est-il du régalien, de ce qui est par essence dans la sphère publique ? Le régalien, ce sont les prérogatives de l'État, tout ce qui est de l'ordre de la contrainte légitime, sur lequel l'État a le monopole. Nous pensons qu'à l'instar du marchand et du non-marchand, le régalien est susceptible d'être ubérisé. Les obstacles économiques (constituer une police ne rapporte *a priori* pas d'argent) ou de confiance (jamais je ne voudrais d'une police Google) peuvent à tout moment s'effondrer.

Certes, n'est pas venu le jour où l'armée et la police tomberont dans l'oubli. Mais balayer l'idée que le régalien ne peut être l'objet de disruption, c'est faire preuve de beaucoup de certitudes : qui peut aujourd'hui dire ce que des milliers d'esprits innovants pourront imaginer dans quelques années ? Surtout, c'est faire fi de l'Histoire. Les armées de mercenaires, ces combattants louant leurs services aux différentes puissances, ont existé dès l'Antiquité, Carthage y ayant beaucoup recours lors des guerres puniques. De même, la Garde suisse protégeait les souverains dans de nombreuses cours européennes du XVe au XIXe siècle moyennant un contrat de location. De là à parler d'armée ubérisée, il n'y a qu'un pas. Plus récemment, les organisations terroristes ont changé de mode d'action et encouragé des sympathisants (plus ou moins directement affiliés à leur organisation) à perpétrer des attentats sur le sol des démocraties occidentales. Ces exemples, auxquels peut s'ajouter le rendu de la justice par des sages au Moyen-Âge ou par un système d'arbitrage aujourd'hui, nous forcent néanmoins à ne pas être trop catégoriques.

Un autre exemple récent nous emmène en Grande-Bretagne, à Birmingham, où un homme perpétrait des vols avec violence et port d'armes à feu. Malgré les efforts de la police locale, l'enquête piétinait et le voleur était libre de poursuivre ses actes. Jusqu'à ce qu'une des victimes aperçoive sur sa page Facebook dans la fenêtre «*people you may know*» («vous connaissez peut-être») son agresseur et le reconnaisse. Facebook vous veut des amis. Pour cela, la fonction «*people you may know*» recoupe et analyse les amitiés de vos amis, mais pas seulement : la géolocalisation, les centres d'intérêt, le métier, le compte Instagram, etc. Le voleur était une connaissance par amis interposés de la victime et la géolocalisation a montré une concordance de lieu au moment du vol. C'est pourquoi Facebook a pensé bon de proposer à la victime le voleur comme nouvel ami potentiel. La reconnaissance a permis l'arrestation du criminel[9]. L'algorithme de Facebook s'est montré dans ce cas plus efficace que la traditionnelle enquête de police.

Imaginons maintenant que ce fait divers ait lieu en 2035. Un avenir à la fois lointain et à portée de clic. L'état des finances publiques de la majeure partie des pays, aggravé par des crises financières successives, a forcé un désengagement de nombreux services publics, y compris régaliens. Les GAFA, depuis les îles artificielles qu'ils ont construites pour échapper à toute juridiction, ont proposé leurs services. L'utilisation de l'algorithme «*people you may know*» est devenue standard dans la résolution d'enquête. La police, dépourvue de son travail d'investigation, a disparu, remplacée par des volontaires qualifiés dont le métier (plus justement, un des métiers car tout le monde en cumulera des dizaines dans l'économie à la demande) n'est que l'arrestation des criminels identifiés par la technique. Un travail dûment rémunéré, en monnaie Amazon par exemple. Le procès se tiendra en direct sur Facebook Live, le média qui a remplacé depuis longtemps la télévision. Partout dans le monde, les utilisateurs Facebook pourraient suivre le procès et voter pour décider du verdict final : un jury populaire 2.0. Pour les procès les plus graves, seuls ceux ayant accumulé une certaine expérience (les profils «*master absolu*» si l'on reprend le vocabulaire des forums internet) pourraient se prononcer sur la sentence à octroyer. Inimaginable ? D'un point de vue technique, ce scénario est en tout cas purement envisageable.

Les autorités reconnaissent déjà l'aide considérable qui peut être apportée par les réseaux sociaux. Que penser de cette demande du département de la Sécurité du territoire américain (Department of Homeland Security, DHS), d'ajouter aux demandes de visa ou d'ESTA (le programme d'exemption de visa des États-Unis[10]) une ligne indiquant son nom d'utilisateur sur les réseaux sociaux ? L'idée, affichée, est bien d'avoir «*une nouvelle gamme d'outils que les analystes et enquêteurs pourraient utiliser pour de meilleures analyses et enquêtes*[11] ».

D'ores et déjà, en 2016, sur internet, les gendarmes s'appellent Facebook et Google. Ce sont eux et non les États, impuissants, qui fixent les limites. Accusés par certains de faire le lit du terrorisme en ne censurant pas les contenus de propagande des organisations visées, ils ont réagi. C'est ainsi qu'une filiale de Google, Jigsaw (sur laquelle nous reviendrons et qui emploie ingénieurs et experts géopolitiques), a mis en place un outil de contre-propagande visant à décourager les aspirants terroristes de partir en Syrie. Concrètement, un adolescent qui taperait le nom d'un prêcheur de haine sur YouTube trouverait dans les vidéos liées un message opposé à celui qu'il attendait[12]. Cette initiative est sans doute beaucoup plus efficace que le site mis en place par le gouvernement qui suppose de rechercher de façon volontaire des arguments de contre-propagande.

L'ubérisation du régalien désormais possible

S'il est difficile d'imaginer l'ubérisation des services publics régaliens, c'est sans doute parce que sécurité, défense ou justice sont usuellement des biens publics qualifiés de non exclusifs. Verdier et Murciano[13] rappellent à ce sujet la métaphore du phare dont la lumière guide les bateaux vers leur port de destination sans distinction : toute embarcation peut voir et profiter de la lumière du phare. Samuelson avait déjà pris cette image pour aboutir à la notion de bien public non exclusif.[14] Ainsi, la production des services publics régaliens ne peut être monétisée car il est impossible d'exclure une partie de la population, de l'empêcher d'y avoir accès. La sécurité est non négociable, non achetable. Comment alors une entreprise traditionnelle pourrait vouloir pénétrer un marché où la rationalité économique est inexistante ? C'est pourquoi il est du ressort des États d'assurer de tels services. Oui mais voilà, les GAFA sont arrivés et ont bouleversé ces théories d'économie classique. D'une part, ils ont trouvé d'autres formes de monétisation que la vente d'un bien ou d'un usage par la publicité, l'analyse et la vente de données : cela leur a ouvert la porte de secteurs qui se refusaient habituellement aux acteurs économiques. D'autre part, leur cœur de métier peut, de façon collatérale, grignoter des parts de marché des services publics régaliens. C'est le cas du Safety Check de Facebook que nous présentions précédemment qui vient ubériser le numéro vert gouvernemental ou encore de Google qui détecte les épidémies de grippe plus rapidement que le réseau Sentinelle de médecins. Dès lors, les GAFA peuvent se permettre d'offrir gracieusement ce service aux populations, s'affranchissant de la contrainte économique classique. La contrainte de « non-monétisation » des services régaliens ne sera donc plus, demain, une barrière à l'ubérisation de certains de ces services publics.

L'autre frein à l'ubérisation du régalien est la confiance nécessaire que les populations doivent avoir dans leur police, leur armée, leur émetteur de monnaie. Qui en effet voudrait d'une monnaie émise par une entreprise et voir sa valeur fluctuer au gré du cours de Bourse ? C'est ce à quoi cela reviendrait. Qui voudrait d'une armée Google ou d'une police Facebook alors que l'on ne sait pas dans quelles guerres elles s'engageraient ? Le régalien est dépositaire de la confiance que les populations doivent placer en lui, c'est pourquoi son ubérisation paraît invraisemblable. La confiance apparaît donc bien comme la clé de voûte du régalien, et elle l'obstacle majeur à son ubérisation complète.

Pourtant, les acteurs du numérique savent très bien créer la confiance, ou tout du moins nous en faire accepter une dose plus faible. Nous savons tous que les GAFA utilisent nos données personnelles de connexion, de recherche, de géolocalisation pour les monétiser et les revendre. Pour autant, est-on prêt à se passer des services phénoménaux qu'ils proposent ? Sans doute pas. Non seulement nous avons une conscience limitée des risques, mais en outre nous voulons avoir notre compte Facebook pour échanger avec nos amis et notre agenda Google car c'est tellement pratique. Et nous sommes tous complices : pour rédiger cet ouvrage, nous échangeons nous-mêmes en permanence sur l'outil de discussion instantané de Facebook, nos brouillons et documents de travail sont partagés sur Google Drive, nos rendez-vous sont inscrits sur Google Calendar et nous tapons frénétiquement notre texte sur nos claviers *made in*

Apple. Tout est si simple. Un autre exemple, dans un secteur totalement différent, va également dans ce sens : il s'agit du paiement par Carte Bleue sans contact. À sa sortie, les télévisions, journaux et radios avertissaient des extorsions d'argent rendues possibles et faciles par la technologie sans contact. Soit. Tout le monde a vu, lu ou entendu ces avertissements. Pourtant, depuis que de nombreux terminaux de Carte Bleue possèdent cette technologie de paiement, presque tout le monde l'a adoptée sans sourciller tant le gain de temps était considérable. Finalement, les GAFA savent faire exactement la même chose et reléguer la confiance au second plan : l'usage prime.

En allant plus loin, ils savent même créer la confiance. Nous évoquions leur légitimité en matière d'assurance et de prévention aux yeux des Français. En nous accompagnant dans notre vie quotidienne, en façonnant nos usages à leur façon, ils sont devenus des intimes. Et c'est à nos intimes que l'on fait confiance. Là encore, intéressons-nous à l'évolution des usages. Il y a dix ans, citer internet dans un rapport scolaire ou un livre était impensable et gage de fumisterie. Aujourd'hui, une interrogation, une question, un problème à résoudre et Google est là pour y répondre en temps réel sans que grand monde ne remette en cause le résultat. Le moteur de recherche californien nous a habitués à son exactitude : les horaires des magasins sont renseignés et souvent justes, désormais même les affluences sont affichées en fonction de l'heure de la journée. Quand on rentre d'un déjeuner chez un ami et que l'on ne sait pas où est la station de métro, on préfère demander son trajet à Google Maps qu'à son ami comme il était d'usage autrefois. La confiance et la méfiance ont changé de camp. La vérité se trouve sur internet et on ne la conteste plus. Pire, on ne se pose même plus la question de la véracité du résultat d'une recherche Google, c'est évidemment vrai.

Alors pourquoi ne pas penser qu'un jour les citoyens pourraient faire confiance aux GAFA pour assurer les services publics régaliens ? D'aucuns disent que Google nous connaît mieux que n'importe quelle police d'État. C'est sans doute exact. Si Google a vraiment dix ans d'avance technologique sur les services de renseignement de la Direction générale de la Sécurité extérieure (DGSE) comme certaines personnes le rapportent, les citoyens ne voudront-ils pas dans un avenir plus ou moins proche être protégés des attaques terroristes par Google plutôt que par nos services ? Un certain nombre de services sur internet sont d'ores et déjà rémunérés avec des cartes cadeaux Amazon. Tous les GAFA se penchent sur les monnaies virtuelles. Demain, remplaceront-ils les États pour battre monnaie ? En Grande-Bretagne, les contribuables peuvent d'ores et déjà payer leurs impôts en quelques clics en s'authentifiant avec l'outil Facebook Connect.

Non tout le régalien n'est pas ubérisé et ne le sera pas demain mais, petit à petit, le cœur est grignoté par les géants californiens sans que personne ne lève le petit doigt. Les services publics régaliens ne disparaîtront pas, l'État nierait sa propre existence s'il n'assurait ni la sécurité ni la justice de ses citoyens. Le processus ne sera pas celui d'une concurrence frontale, comme Amazon le fait avec La Poste. Ce ne sera pas une menace directe, comme celle de Google Fiber (qui installe la fibre optique dans certaines villes américaines – avec un succès mitigé) envers l'opérateur historique AT&T. Ce sera une ubérisation qui risque de rendre peu à peu les services publics régaliens obsolètes, dans une marginalisation grimpante. Facebook et son Safety Check ont envoyé sur la touche le numéro vert gouvernemental. L'identification par la bonne vieille carte d'identité pourrait être remplacée par une rapide recherche Google Image, une présentation du compte Facebook ou une reconnaissance d'empreinte digitale ou faciale sur iPhone. Enfin, l'algorithme de Facebook pourrait résoudre les enquêtes policières comme il l'a déjà fait dans le cas de Birmingham.

Il y a à peine cinq ou sept ans, si nous avions décrit le modèle d'Uber, d'Airbnb ou de BlaBlaCar, qui y aurait cru ? Des barrières artificielles auraient été dressées pour annihiler toute possibilité de réussite. Quid de la caution, de l'accessibilité handicapés, de la protection incendie ? aurait-on entendu chez certains. Vraiment, dormir chez un inconnu ou remettre sa vie dans les mains d'un conducteur étranger non certifié ? aurait-on entendu chez d'autres. Pourtant, le succès est fulgurant, en partie grâce aux systèmes de notation mis en place sur les plateformes. On ne peut pas avoir l'intelligence des cent disrupteurs à venir et personne ne peut prétendre l'avoir. On se rend compte aujourd'hui que toutes les prédictions se révèlent fausses : DeepMind, filiale de Google, celle-là même qui a convenu d'un partenariat avec les hôpitaux londoniens pour analyser les données de santé, était censée battre un joueur de go humain dans quelques années, plus de dix ans pour beaucoup. Or c'est chose faite depuis mars 2016 et une victoire étincelante face au champion du monde de la discipline. De même, qui aurait parié que SpaceX réussisse avec un produit d'une extrême simplicité à menacer la complexe Ariane 5 de l'Agence spatiale européenne qui, pour répondre à cette nouvelle concurrence, a dû développer une fusée deux fois moins chère que précédemment ? Finalement, qui sait quels nouveaux usages les GAFA ou d'autres pourraient inventer dans les années à venir dans le champ du régalien, accélérant le processus de marginalisation que nous décrivons ?

Des modalités différentes, à des vitesses différentes

Les services publics, qu'ils soient non marchands, marchands ou régaliens, sont ubérisables. Même si le régalien suscite évidemment plus d'interrogations, aucune n'est insurmontable. Cette catégorisation, qui fait sens pour décrire les types de services rendus, entre prérogatives de l'État (régalien) et production d'un service d'accompagnement ou de développement (services marchands ou non), ne semble pas tout à fait satisfaisante pour parler d'ubérisation.

L'ubérisation des services publics pourrait en revanche se faire selon des modalités et des vitesses différentes en fonction de la nature du service rendu. Il convient de distinguer les fonctions de distribution du service public (c'est-à-dire, dans le langage de l'entreprise, l'étape de commercialisation au client final) et de production du service public (c'est-à-dire l'élaboration du service en amont). L'ubérisation de la distribution paraît à portée de main, celle de la production prendra peut-être plus de temps mais a déjà commencé. Dans les deux cas, c'est l'insatisfaction des populations qui sera l'étalon de la vitesse de disruption.

La distribution, ce sont tous ces points de contact que le citoyen a avec la puissance publique, ces interfaces entre société civile et administrations. Malheureusement, ces points de contact sont souvent douloureux. Qui n'a jamais soupiré en réalisant qu'il devait refaire son passeport, demander une carte grise, obtenir telle ou telle subvention, porter plainte pour un vol dont il sait que l'on ne retrouvera jamais ni le bien soustrait ni le détrousseur, obtenir une place de crèche pour ses enfants, ajouter un accent aigu sur un nom de famille ou encore demander un permis de construire ? Ce sont ces interfaces où les irritants se multiplient, qui génèrent le plus d'insatisfaction, de temps perdu, de complexe pénibilité et où pourtant le numérique pourrait si facilement apporter tant. Les sondages le montrent : à la question « sur quelles dimensions attendez-vous que les services publics fassent le plus de progrès ? », 57 % des Français répondent une amélioration de la rapidité de traitement des dossiers et de réponse aux demandes, 48 % une plus grande simplicité et transparence des démarches, 33 % des horaires plus pratiques pour joindre les administrations et 25 % une augmentation des démarches pouvant être faites sur internet[15].

La fonction publique perd la confiance des citoyens moins du fait de grands problèmes que de petits irritants qui, pris individuellement, paraissent anecdotiques mais dont l'accumulation rend fou. Pour refaire un passeport, il faut imprimer une multitude de papiers, fournir des actes de naissance et des justificatifs de domicile que l'on doit solliciter auprès d'une autre administration, il a aussi fallu imprimer des documents pourtant remplis sur l'ordinateur pour ensuite constater avec dépit que le préposé de préfecture le scanne (quand le scanner marche). Il faudra enfin subir l'attente dans des salles souvent mornes et dont le confort laisse à désirer jusqu'à ce qu'enfin le numéro qui figure sur notre ticket (roulé en boule depuis longtemps) soit appelé. La critique est certes facile et convenue, mais pourquoi ne pas imaginer des solutions plus agiles, aussi sûres et bien plus efficaces pour répondre à ces problèmes ?

Le service d'authentification Facebook Connect permet de se connecter à des milliers d'applications sans avoir à entrer à chaque fois son adresse mail, à la valider et à inventer un nouveau mot de passe que l'on oubliera aussitôt. Il est la clé d'entrée de tout notre monde virtuel. Les Britanniques ont même proposé ce service pour le paiement des impôts.

Une distribution de service public ubérisée, c'est une interface agile sous forme de plateforme qui est résolument tournée vers le citoyen : nos piliers un et trois de l'ubérisation. Elle comprend ses besoins, imagine ses peines, les résout en étant pratique et unique. Si les GAFA s'en occupent, l'administration publique doit être un tout pour le citoyen, qu'il s'adresse à la préfecture ou à l'Éducation nationale.

Et si demain Google souhaitait faire évoluer Google Calendar en notre assistant personnel unique ? On pourrait imaginer qu'à terme Google Calendar soit l'interface privilégiée pour toute prise de rendez-vous avec un établissement public : qu'il compare notre agenda privé et professionnel avec celui du médecin, de la préfecture, de la mairie, et qu'il nous propose d'emblée les quelques créneaux disponibles qui sont les plus susceptibles de nous intéresser. Si cela peut paraître un peu futuriste, c'est ce que WeChat (l'équivalent de Facebook en Chine) fait déjà. Cette plateforme multiservice, qui propose outre sa messagerie et son réseau social de nombreuses prestations de l'économie à la demande, a souhaité se lancer dans l'optimisation des parcours de soin. Aujourd'hui en Chine, il est possible, sur WeChat, de prendre rendez-vous dans plus d'un millier d'hôpitaux de réaliser de premières consultations rapides ou encore de recevoir les résultats d'analyse médicale. Un QR code (ces codes barre de l'économie 2.0) est remis au patient à sa sortie de consultation ou de soin. À partir de celui-ci, il peut avoir très facilement accès à son dossier, recevoir les comptes rendus médicaux sur son portable, payer la facture qui lui est adressée par l'hôpital *via* WeChat Pay. Ce service, baptisé Smart Hospital et lancé en 2015, vise à fluidifier les parcours hospitaliers et épargnerait aux 7 millions de patients qui peuvent en bénéficier une à deux heures de queue tout en désengorgeant les hôpitaux[16]. Les ambitions du géant numérique chinois ne s'arrêtent pas là. L'application permet désormais de cotiser pour une assurance santé, pour l'instant limitée au cancer : les utilisateurs âgés de moins de 40 ans qui paient 1 yuan sont assurés à hauteur de 1 000 yuans s'ils sont atteints d'un cancer au cours de leur vie et jusqu'à 10 000 yuans s'ils arrivent à recruter certains de leurs amis. Dans certaines villes, la même plateforme WeChat permet aussi de payer ses factures d'électricité ou ses contraventions : c'est un guichet unique, un point d'entrée unique pour tous les services publics. WeChat démontre que ce qui paraît totalement utopique en France est aujourd'hui réalité en Chine.

Google saura donc que nous devons refaire notre carte nationale d'identité grâce au rappel qu'il aura pris soin de programmer quinze ans auparavant ou d'après nos récentes requêtes sur son moteur de recherche, que notre première réunion de la matinée se termine à 11 h rue Martel dans le 10e arrondissement de Paris et que le déjeuner est prévu à 12h30 rue des Mathurins dans le 8e. Il nous proposera de prendre directement rendez-vous à la mairie du 9e arrondissement (située rue Drouot à mi-chemin entre la rue Martel et Mathurins) à 11 h 40 pour faire la démarche. Entre-temps, il aura envoyé par mail au préposé d'administration tous les documents nécessaires qui figuraient déjà dans notre Google Drive et aura rempli les formulaires Cerfa requis avec les champs qu'il connaît déjà. Finalement, il ne nous restera plus qu'à signer et à récupérer immédiatement la carte d'identité. Qui plus est, puisque nous sommes en avance pour le déjeuner, il nous proposera de faire la prise de sang que nous avions remise à plus tard au centre médical qui se trouve sur le chemin de la rue des Mathurins et enfin, pour nous faire plaisir et nous récompenser, réservera un terrain de tennis de la mairie de Paris pour le samedi car Google Météo prévoit grand beau.

Si la distribution de service public ubérisée vise à réinventer les interfaces entre citoyens et leur administration publique, l'ubérisation de la production même du service répond à une logique différente et remplit une autre caractéristique des ubérisants : la production atomisée et sans infrastructure du service. La production d'un service, c'est le cœur de métier : c'est l'enseignement dans l'éducation, le soin dans la santé, l'enquête dans la police ou le jugement dans la justice. La possible ubérisation est moins évidente que pour la distribution, mais elle commence déjà.

Nous évoquions le cas de l'enquête de Birmingham résolue grâce à l'algorithme «*people you may know*» de Facebook : c'est bien la plateforme du réseau social qui a produit le service d'instruction, en s'appuyant sur l'utilisateur victime.

Dans l'éducation et l'enseignement supérieur, les grands acteurs du numérique et en particulier LinkedIn pourraient lancer des plateformes de cours en ligne ouverts à tous (*Massive Open Online Course*, MOOC) venant disrupter le cœur de métier de l'enseignant en proposant des cours de grande qualité, professés par les plus grands spécialistes d'un sujet ou plus simplement par tout un chacun souhaitant partager son savoir, le tri qualitatif étant ensuite effectué par la notation des élèves. Signe que cette orientation stratégique n'est pas qu'hypothétique, LinkedIn a fait l'acquisition dès 2012 de SlideShare, un site web permettant d'héberger des contenus et en particulier des présentations PowerPoint. Les géants du numérique sauront proposer des enseignements de valeur et façonner les nouveaux usages d'apprentissage de par leur science de la donnée. De plus, avec leur possible certification, les MOOC peuvent désormais casser le monopole de délivrance de diplômes détenu par les établissements d'enseignement supérieur.

L'ubérisation de la production de service public par une décentralisation et une atomisation du rendu est moins évidente et immédiate que celle de la distribution. Elle sera donc sans doute moins rapide mais ce serait une erreur de ne pas en voir les prémices. Là encore, les Français l'attendent : quand ils disent souhaiter une amélioration de la rapidité de traitement de dossiers et de réponse aux demandes, c'est bien tant la distribution, l'interface et la production de service qui sont concernées.

On le perçoit de façon diffuse dans les exemples donnés : dans les deux cas, distribution comme production, le critère premier est l'insatisfaction du citoyen. Si Uber a percé si facilement, c'est parce que les citadins pestaient contre la rareté des taxis et l'antipathie notoire de nombreux chauffeurs. Outre la personnalisation et la convivialité que permet Airbnb, la plateforme de location de chambres ou d'appartement balaye également des irritants posés par les règles strictes souvent imposées par les hôtels : impossibilité d'avoir la chambre avant 15 h, obligation de la rendre avant 11 h, prix excessifs du téléphone comme du minibar.

De même, nous pensons que ce sont les services où l'insatisfaction est la plus criante et la plus forte qui seront le plus rapidement menacés d'ubérisation. Notons toutefois que l'insatisfaction ne doit pas être évaluée comme figée : elle évolue au cours du temps et un service dont on est satisfait aujourd'hui pourrait paraître profondément insuffisant dans un an. Les GAFA, par leur inventivité et leur science du design fonctionnel, font bouger en permanence les lignes, transformant nos usages et nos attentes. On pouvait trouver normal il y a dix ans de devoir aller lire sur la devanture d'un magasin ses horaires d'ouverture, on trouverait inacceptable qu'ils ne soient pas en ligne aujourd'hui. Finalement, on ne se rend pas vraiment compte de l'insatisfaction liée à un service tant que l'on ne voit pas en parallèle la possibilité d'amélioration du système. On est potentiellement insatisfait de tout. Si Netscape a ouvert la voie à iTunes puis Spotify, c'est parce qu'il a fait prendre conscience aux gens que les prix pratiqués par les majors de l'industrie musicale étaient bien trop élevés.

Au bout d'un certain temps, l'écart entre les solutions innovantes que les GAFA proposent et les archaïsmes de l'Administration sera si grand que les populations feront pression sur les gouvernements et que l'ubérisation sera inévitable.

L'État lui-même n'est pas à l'abri

En s'emparant des services publics même les plus régaliens, les GAFA font sérieusement concurrence aux États. Plus, ils les amputent d'une bonne partie de leur raison d'être. Mais, au fait, qu'est-ce exactement que l'État ?

L'État ?

Il n'est pas aisé de donner une définition exacte de l'État tant les formes ont varié au fil des époques, tant la confusion est rapide entre une litanie d'institutions publiques et quelque chose de plus immatériel. Il serait facile d'ouvrir un ouvrage de droit administratif et de croire qu'assimiler l'État à tous les organismes publics suffirait. Il y aurait au sommet les trois pouvoirs, l'exécutif, le législatif et le judiciaire. Les ministres, organisés en gouvernement, seraient à la tête de leur administration, ministères et établissements publics sous tutelle : les EPIC, EPST et EPA, respectivement établissements publics à caractère industriel et commercial comme la SNCF ou l'Agence de l'environnement et de la maîtrise de l'énergie (Ademe), scientifique et technologique comme le Centre national de la recherche scientifique (CNRS) ou administratif comme le Centre national du cinéma et de l'image animée (CNC). Avec les autorités administratives indépendantes (les célèbres AAI, comme l'Autorité de sûreté nucléaire [ASN] ou la Haute Autorité de santé [HAS]), ces établissements publics forment les organismes divers d'administration centrale (ODAC). Au sens strict, l'État serait uniquement constitué des administrations publiques centrales (APUC). Au sens large, il faudrait lui adjoindre les administrations publiques locales (APUL) et les administrations de sécurité sociale (ASSO).

STOP (Système trophique d'organisation publique). Non, STOP, vraiment. Plonger dans le maillage complexe des organismes publics n'a pas de sens. L'État ne peut pas se résumer à une succession d'acronymes tous plus incompréhensibles les uns que les autres. L'État, c'est autre chose qu'un enchevêtrement d'ODAC, d'APUC, d'ASSO et d'ODAL, c'est quelque chose de plus grand, de plus transcendant. En France, au-delà de la forme que peut prendre la gestion exécutive, législative et judiciaire du pays, l'État représente la permanence et la stabilité de la puissance publique. Les régimes passent, les gouvernements se succèdent, l'État reste. Ce n'est pas un hasard si la grammaire lui accorde une majuscule au même titre que le Roi ou Dieu...

Outre les services publics rendus, qui concernent des secteurs très différents selon l'époque et le lieu, on sent que l'État concerne surtout les fonctions régaliennes qui lui permettent d'exercer sa souveraineté pleine et entière tant sur son territoire pour sa nation qu'à l'extérieur, par-delà ses frontières. La souveraineté est la clé de voûte de l'État. À l'intérieur, il exerce le monopole de la contrainte physique légitime dont il jouit pour sanctionner par le biais de la police et la justice ceux qui méconnaîtraient les lois et normes qu'il a édictées. Pour financer son fonctionnement, il a aussi la prérogative de lever l'impôt. À l'extérieur de son territoire, l'État fait respecter sa souveraineté par la diplomatie ou les forces armées.

Finalement, nation, édiction des lois, police, diplomatie : en plus d'ubériser les services publics, les GAFA n'auraient-ils pas déjà tout d'un État ?

Une puissance financière digne d'un État

On l'a vu, Facebook pourrait fournir un algorithme permettant de résoudre plus facilement des enquêtes, Facebook rend le numéro vert gouvernemental obsolète avec son Safety Check et Google est en avance technique sur la DGSE. Mais la comparaison avec l'État ne s'arrête pas aux services publics régaliens.

Les PDG des GAFA sont reçus comme de vrais chefs d'État. Quoi de plus normal quand leurs résultats financiers n'ont rien à envier à la plupart des pays du monde ? Les GAFA ont un chiffre d'affaires consolidé faramineux de 420 milliards de dollars en 2015, qui devrait atteindre 600 milliards en 2018 (43 % de croissance)[17]. Aux consommations intermédiaires près, on pourrait comparer ces chiffres aux PIB de certains pays développés : 395 milliards pour la Norvège et seulement 130 milliards pour la Hongrie… Le simple chiffre d'affaires d'Apple avoisine le PIB de la Grèce[18]. Leur compte en banque possède également de jolies réserves puisque 375 milliards de dollars seront dans leurs coffres à la fin de l'année 2016 selon les projections d'analystes des banques d'investissement. S'ils dépensaient l'ensemble de leur trésorerie, les GAFA pourraient subvenir à l'ensemble des besoins de la France pendant une année, le total des dépenses budgétées représentant 374,8 milliards d'euros en 2016. Quant à leur capitalisation boursière, elle est presque indéchiffrable tant elle est prodigieuse : 1 300 milliards de dollars. Plutôt pas mal pour des entreprises dont la plupart n'existaient pas il y a vingt ans. À titre de comparaison, la capitalisation totale des entreprises vieillissantes du CAC 40 est de 1 260 milliards d'euros.

Nationalité : GAFA

La puissance financière des GAFA est considérable. Mais Google, Apple, Facebook et Amazon sont-ils pour autant une nation ? Peut-on leur attribuer un « ensemble de personnes conscient de son unité (historique, culturelle, etc.), vivant sur un territoire commun et constituant une entité politique[19] » ?

Malgré leur éparpillement dans plus de quarante pays, les 62 000 employés Google possèdent à bien des égards une culture commune. Jeunes, connectés, mondialisés, ils ont même un nom au même titre que les Français ou les Chinois : ce sont des *Googlers*. Mais sous-entendre que la « nation » Google s'arrête à ces employés ne reviendrait-il pas à dire que seuls les fonctionnaires sont vraiment Français ? La communauté d'utilisateurs des services des GAFA n'a-t-elle pas aussi une culture de plus en plus similaire lui conférant une certaine forme d'unité ?

Le quotidien d'un Indien ayant accès à internet a des caractéristiques chaque jour plus proches de celui d'un Californien : là où la première vague de mondialisation a homogénéisé nos façons de consommer (difficile de ne pas tomber sur un Zara même à l'autre bout du monde), le numérique harmonise nos façons de vivre et d'interagir (les usages faits de Facebook ou Google ne sont pas drastiquement différents en Inde ou en Californie). Certes, vivre à San Francisco ou à Delhi n'a rien de commun, mais le rapprochement par les usages est réel. Si les utilisateurs peuvent être considérés comme les citoyens des GAFA, alors leur population dépasse de loin celle des pays industrialisés : Facebook enregistre 1,5 milliard d'usagers actifs mensuels, 1 milliard de personnes ont un compte Gmail, il y a près de 800 millions détenteurs d'un compte iCloud et Amazon compte environ 280 millions de clients. Ce dernier chiffre peut paraître dérisoire aux regards des deux premiers, mais c'est plus de quatre fois la population française !

Si les utilisateurs de Google, Apple, Facebook et Amazon forment un groupe qui a une unité, peut-on pour autant leur attribuer un territoire bien défini ? Difficilement, car ils se répartissent de façon éparse et traversent toutes les frontières à l'exception presque unique de la Chine. Leur territoire est mondial, il n'est pas clairement délimité. Cela n'a rien de surprenant. Le phénomène s'inscrit dans une tendance vieille de plusieurs dizaines d'années dans laquelle l'émergence des firmes multinationales, de modes d'action politique extérieurs aux États (ONG, etc.) et d'organisations internationales soulèvent de nombreuses questions sur l'avenir de l'État et de sa territorialité. Le numérique complète le panorama : il ne fait qu'augmenter la tension entre l'appartenance à l'État-nation (français, américain, brésilien) et l'appartenance à une communauté mondiale avec laquelle le numérique me permet de créer des liens de plus en plus forts (les «élites mondialisées» selon le terme de Pierre-Noël Giraud). Celui-ci résume la tendance : «*En dehors du maintien de la paix intérieure, le rôle essentiel de l'État contemporain semble en effet être de retenir et d'attirer sur son territoire ces pures nomades que sont les firmes globales et les individus aux compétences hautement valorisables dans la globalisation*[20] ». Les GAFA n'ont pas de territoire au sens classique du terme mais ils s'inscrivent dans la continuité d'un phénomène qui transforme des États en des entités de moins en moins liées au strict cadre national.

Les GAFA constituent-ils alors une entité politique ? Comment exercent-ils leur souveraineté à l'intérieur et à l'extérieur de leur communauté d'utilisateurs ? Comme évoqué, l'expression de la souveraineté d'un État se manifeste à l'intérieur de ses frontières par l'édiction de normes (et la sanction pour ceux qui ne s'y plient pas) et à l'extérieur de son territoire par la diplomatie (et si besoin la force armée). Qu'en est-il des GAFA ? Sont-ils, consciemment ou non, présents sur ces deux axes ?

L'édiction des normes

Les GAFA ne sont pas des grands groupes comme les autres. Ils portent une vision, et défendent publiquement une utopie qui vise à faire un monde meilleur. C'est Marc Zuckerberg qui, en introduction de la conférence annuelle 2016 de Facebook, le «F8», affirme : «*Au lieu de construire des murs, on peut aider à créer des ponts. Au lieu de diviser les gens, on peut les connecter les uns aux autres. Nous le faisons, une personne à la fois, une connexion à la fois*». C'est Eric Schmidt, alors président exécutif de Google, qui écrit avec Jared Cohen en 2013 *The New Digital Age. Reshaping the future of People, Nations and Business*[21] dans lequel ils dressent un portrait du monde de demain, plus efficace et plus démocratique grâce au digital. Progrès exponentiel des technologies, connectivité pour tous, cyber-guerres, nouvelles formes de solidarité, ces deux patrons de Google nous présentent leur vision de l'évolution du monde telle qu'ils la pressentent ou qu'ils la souhaitent (en se gardant de préciser la place d'acteurs comme Google). Il est d'ailleurs intéressant de parcourir le CV des auteurs, notamment celui de Jared Cohen. Selon le classement 2013 de *Time Magazine*[22], il fait partie des 100 personnes les plus influentes au monde. Il est connu pour avoir été un précurseur de la compréhension des révolutions arabes, puis pour avoir été embauché par le département d'État américain sous George W. Bush et être l'un des rares à y être resté sous Barack Obama. Il est maintenant président de Jigsaw (précédemment *Google Ideas*), le think tank de Google qu'il a lui-même fondé et qui vise à « *s'attaquer aux problèmes géopolitiques les plus rudes* » comme l'extrémisme violent ou les cyber-attaques grâce à la technologie[23]. Comme le ferait un ministère de la Défense ?

Si tout le monde ne va pas jusqu'à considérer pour autant que Google a un gouvernement ou, en tout cas un début de pouvoir exécutif institutionnalisé, il est cependant difficile de nier son influence considérable sur le législatif. L'édiction des normes s'ancre dans la morale et les rites. Les GAFA envahissent justement l'un comme l'autre domaine.

Les valeurs de Google semblent bien définies. Son slogan l'affirme : « *Don't be evil* », autrement dit « Ne soyez pas malveillants ». Dans ce sens, les GAFA tentent de lutter contre les discriminations qu'ils ne jugent plus acceptables. En incitant le monde entier à célébrer la décision de la Cour suprême américaine sur le mariage homosexuel, quand Facebook propose à chacun de mettre un filtre aux couleurs de la communauté LGBT sur sa photo de profil. En tentant de diminuer la discrimination hommes-femmes, quand Google propose des nouveaux « emoji » représentant des femmes dans la vie professionnelle et incite les développeurs d'Unicode – standard informatique permettant les échanges de texte au niveau mondial – d'en faire autant[24]. L'idée est d'habituer l'inconscient collectif aux images de femmes chercheur, médecin ou mécanicien, afin de casser les stéréotypes qui peuvent mener à des discriminations. Ces actions ne font pas polémique car les principes qu'elles défendent font en majorité consensus auprès des populations des pays occidentaux, mais il est frappant de noter qu'elles pourraient être l'objet d'opinions contradictoires et retranscrivent en fait de vrais choix politiques.

Les GAFA imposent-ils leurs rites pour autant ? De façon évidente, oui. Tout comme nous ne pouvons pas passer notre vie sans avoir à être confrontés et à utiliser les services de l'État, les GAFA sont omniprésents dans nos usages. Chacune des entreprises est présente sur une majorité de « parts d'usage » de notre quotidien : la communication, le divertissement, la consommation, le paiement, mais aussi la santé, le transport, etc.[25] Pour ne prendre qu'un exemple : GoogleHangout et Gmail nous permettent de communiquer avec nos pairs, YouTube est là pour combler nos dimanches après-midi, GooglePlay et GoogleWallet nous aident à acheter et payer sans même que nous nous en rendions compte, GoogleCalico, dirigé par l'illustre Arthur Levinson par ailleurs au conseil d'administration d'Apple, s'est donné pour mission de « *se focaliser sur la santé et le bien-être, en particulier le défi du vieillissement et des maladies associées*[26] », et la GoogleCar nous permettra bientôt de ne plus avoir à passer notre permis de conduire. Les GAFA se diversifient à des années lumières de leur produit initial et finissent par rythmer notre quotidien. Ils revendiquent d'ailleurs être en concurrence entre eux sur le marché de notre attention, toujours plus sollicitée. C'est ce que souligne Tristan Harris, « philosophe produit[27] » de Google pendant trois ans et marqué par l'efficacité grandissante des stratégies de *Behavior design* (sciences de la persuasion qui influencent notre comportement grâce au design), quand il alerte : « *nos écrans, en nous "remplissant" tout en nous donnant faussement l'impression de choisir, menacent notre liberté fondamentale de vivre notre vie comme on l'entend, de dépenser notre temps comme on le veut. Et remplacent les choix que l'on aurait faits par les choix que ces entreprises veulent que l'on fasse*[28]. » Facebook a intérêt à ce que l'on fasse défiler son fil d'actualité toute la journée et, pour ça, il nous détourne de notre intention initiale. Pour vérifier l'heure et le lieu du concert de ce soir par exemple[29]. Nous nous laissons enfermer dans le monde des GAFA, et leurs noms finissent même parfois par entrer dans le dictionnaire tant l'utilisation de leurs interfaces correspond à un usage du quotidien (on ne cherche plus une information, on « google-ise »). Les GAFA nous imposent leurs usages, leurs rites, leurs normes, et ont donc nécessairement à terme une influence sur les règles et la loi.

De fait, les GAFA régulent déjà dans certains domaines. Quand Facebook ou Google établissent leurs propres règles en matière de contrôle des contenus par exemple. Se référant à Facebook, Jérémie Zimmermann, cofondateur et porte-parole de l'association La Quadrature du Net, s'étonne en effet dans une étude menée par la section des Affaires européennes et internationales d'une situation où « *un acteur économique peut, à l'aide de robots, de machines et de processus automatisés, prendre des décisions sans passer par l'autorité judiciaire, pour faire effacer des contenus et priver les utilisateurs d'un mode d'expression*[30] ». Il évoque de la même façon les règles de contrôle et de censure des contenus autoproduites par YouTube et fondées selon lui sur une interprétation maximaliste du droit d'auteur. Citons aussi *OpenAI*, une ONG créée fin 2015 par Elon Musk (co-fondateur de Paypal, SpaceX, Tesla), dont le but est de contrôler les développements de l'intelligence artificielle pour qu'elle reste « *une extension des volontés individuelles humaines*[31] ». Une telle organisation ne prend-elle pas habituellement la forme d'une agence de régulation étatique ? Google, Facebook, Amazon, Microsoft et IBM ont d'ailleurs eux-aussi lancé leur « partenariat pour l'intelligence artificielle au bénéfice des citoyens et de la société » visant à promouvoir « *les technologies qui ne font pas de mal*[32] ». Entreprises philanthropes ou construction d'un futur lobby sur le sujet ? Il est encore trop tôt pour juger.

L'évangélisation du monde par les GAFA

En plus d'exercer leur souveraineté à l'intérieur de leur sphère d'influence par l'édiction des normes, les GAFA s'adonnent au jeu de la diplomatie à l'extérieur de leurs frontières au contact de personnes n'étant pas utilisateurs de leurs services (car souvent non connectés).

C'est ce à quoi essaient de remédier Facebook et Google en lançant ce qui pourrait s'apparenter à des politiques de développement. Avec son programme Internet.org, Facebook donne accès de façon gratuite à des sites internet « basiques » comme Facebook, Wikipédia et d'autres sites informationnels dans la santé, l'éducation ou la recherche d'emploi. Le service, lancé en partenariat avec des opérateurs locaux, bénéficie déjà à 25 millions de personnes à travers le monde en Afrique, au Bangladesh, en Indonésie, etc. L'objectif est d'apporter la « connectivité » que Marc Zuckerberg considère comme un droit de l'homme aux deux tiers de la population mondiale qui n'en bénéficient pas encore[33]. Google poursuit un objectif similaire avec ses projets Loon et Titan. Le premier permettra grâce à des ballons stratosphériques gonflés à l'hélium de connecter des zones très étendues (un partenariat a déjà été signé pour couvrir tout le Sri Lanka). L'entreprise Titan a quant à elle été rachetée en avril 2014 par Google juste après que des rumeurs d'offre d'achat par Facebook aient été répandues. Ses avions ultralégers à énergie solaire permettront d'atteindre avec précision une zone déterminée qui aurait soudainement besoin d'une extra-capacité ou qui se serait retrouvée sans connexion suite à une catastrophe naturelle[34]. Tout le monde s'y met, en juin 2015, la société SpaceX a même demandé au gouvernement fédéral américain l'autorisation de commencer des essais pour un projet qui vise à construire une constellation de 4 000 satellites capables de donner accès à internet au monde entier, y compris les régions les plus reculées qui ne disposent actuellement pas d'infrastructures[35].

À la manière des États occidentaux du XIXe siècle, les GAFA colonisent le monde. Ils installent internet en Afrique comme la toute puissante Grande-Bretagne de 1830 encourageait la construction de chemins de fer en Inde. Les grandes compagnies colonisatrices, telles la Compagnie britannique des Indes orientales (*British East India Company*, BEIC) ou son équivalent néerlandais en Indonésie, étaient d'ailleurs depuis longtemps bien plus que des entreprises : elles faisaient société[36]. La BEIC outrepassait ses fonctions commerciales en acquérant à partir de 1757 et de la bataille de Plassey des pouvoirs habituellement réservés aux États : le régalien avec une légitimité militaire et administrative, le droit de collecter des impôts, un pouvoir féodal sur les principautés locales (jusqu'à ce que la Couronne en reprenne symboliquement la gouvernance), un territoire (des plaines du Gange au début à une grande partie de l'Inde en 1858), un drapeau et une devise *Auspicio Regis et Senatus Angliae* : Par le pouvoir du Roi et du Parlement anglais.

Des entreprises-États ont donc existé par le passé. Aujourd'hui, les GAFA considèrent de fait les continents du monde (outre le leur) comme des colonies numériques, pour reprendre le terme employé par Catherine Morin-Desailly[4]. Si les États-Unis bénéficient des emplois directs et indirects liés à l'implantation des sièges de ces entreprises en Californie, l'Europe n'est qu'une réserve de ressources, les données, et un marché de débouchés pour les GAFA[38]. Même les impôts normalement dus ne sont pas payés comme ils le devraient et échappent aux fiscs européens, à la manière des colons français qui ne payaient pas les impôts sur les cases de capitation, etc. contrairement aux populations autochtones. En partant à la conquête du monde, en orientant le développement économique à leur façon, les GAFA évangélisent le monde moderne avec la complicité et la bienveillance de tous.

Nous donnons en effet notre accord tacite. Certains disent même que nous sommes en train de passer de l'ère de la démocratie à celle de la « consocratie » mondiale, où le consommateur devient citoyen (et réciproquement), vote avec ses clics et ses choix de consommations[39]. Les GAFA ont su créer une alliance avec la multitude et rassembler des individus non pas en tant qu'électeurs mais en tant qu'utilisateurs de leurs produits. Un système parallèle de gouvernement se met alors en place dans lequel le pouvoir est confié aux quelques grands milliardaires à la tête de ces plateformes.

De ce point de vue, les GAFA ne sont nullement dans le rôle des barbares de l'ancienne Rome, ils sont l'empire[40].

Des velléités libertariennes ?

Les GAFA ont certaines caractéristiques qui les rapprochent considérablement des États. Au lieu d'essayer de spéculer sur leurs intentions réelles, demandons-leur directement : veulent-ils se passer des États ? Veulent-ils les remplacer ?

Un journaliste satirique du *Financial Times* a tenté de se mettre à leur place en publiant une lettre fictive que les patrons des GAFA et d'autres entreprises de la Silicon Valley auraient envoyée à la Commission européenne pour expliquer leurs pratiques d'optimisation fiscale[41]. « *L'argent que nous ne payons pas en impôts, nous pouvons le dépenser ailleurs. Les gouvernements ne savent pas quoi en faire, nous, nous le savons* », nous disent les pseudo-Larry Page et consorts. Ils expliquent notamment qu'au lieu de guérir les maladies une fois qu'on les a attrapées, il serait plus intelligent de les prévenir pour que l'on ne les attrape pas. « *Nos impôts servent uniquement à créer plus de bureaucratie et plus de règlements. Nous n'avons pas d'autre choix que de nous libérer de l'emprise de ces gouvernements si nous voulons changer le monde.* » Ils évoquent d'ailleurs le fait que ce changement s'accompagnera de destructions d'emplois massives, mais ils nous rassurent : « *Sachez que ceux qui ne travaillent pas ne seront pas désœuvrés pour autant. Nous veillerons à combler leurs longues heures d'inactivité par des expériences hors normes de réalité virtuelle* ». Puis ils concluent de façon quelque peu désabusée en expliquant qu'ils n'attendent pas de nous que nous comprenions, « *seulement que* [nous] *profitions de leurs produits et montrions un peu de gratitude.* » Le canular a fait du bruit car beaucoup affirment que cette lettre explicite ce que les GAFA pensent tout bas. Il y a en effet parfois de quoi se demander si les dirigeants des GAFA ou plus largement certains penseurs de la Silicon Valley n'ont pas des velléités libertariennes[42] c'est-à-dire de mise sur un piédestal de la liberté individuelle sans que les institutions ne puissent la remettre en cause.

Les GAFA cherchent à s'affranchir de certaines contraintes infligées par les États, en premier lieu de l'imposition, ce qui alimente régulièrement les critiques des populations et des institutions à leur égard, à raison. Ils jouent ostensiblement avec l'hétérogénéité des législations européennes, au niveau tant de la gestion des données personnelles que de la fiscalité, en profitant de la séparation spécifique au numérique des lieux d'établissement et des lieux de consommation. L'Irlande a un impôt sur les sociétés qui est l'un des plus bas d'Europe, Facebook et Google y ont installé leur siège. Amazon et Apple ont quant à eux préféré le Luxembourg en raison de son taux réduit de TVA. L'un comme l'autre pays sont par ailleurs considérés par certains comme des « paradis de données » tant leurs Commissions nationales de l'informatique et des libertés (CNIL) sont réputées pour être moins exigeantes que celles des autres pays européens. L'État régulateur et contraignant a du mal à imposer son ordre à un cyberespace qui s'affranchit des contraintes géographiques, et est en retour fragilisé par le manque à gagner fiscal. Les GAFA s'enrichissent pendant que les États s'endettent. Ils ont réussi à créer un mythe pour être au-dessus des lois, baignant dans un espace sans corps, cosmique, global, difficile à contrôler par les États.

Non seulement les GAFA cherchent à s'affranchir des États, mais certains semblent aussi entendre les remplacer ou du moins les contourner sur des sujets sur lesquels ils les jugent peu compétents. C'est par exemple le cas d'OpenAI (dont fait partie Amazon) qui s'est créé en partant de la question suivante : Quelle est la meilleure chose à faire pour s'assurer que le futur ira dans la bonne direction ? Elon Musk, son fondateur y apportait la réponse suivante : « *On peut rester sur le banc de touche ou encourager les régulateurs à y jeter un œil, ou on peut construire nous-mêmes la structure contenant des gens compétents qui se soucient vraiment de développer l'intelligence artificielle d'une façon sûre et qui bénéficiera à l'humanité entière*[43] ». C'est à peu près dans la même logique de Peter Thiel, par ailleurs membre du conseil d'administration de Facebook, co-fonde PayPal en 1998, initialement conçu pour devenir une monnaie alternative « libre de tout contrôle gouvernemental », comme il l'écrit lui-même plus d'une décennie plus tard. Il dénonce par ailleurs le système universitaire (qui, estime-il, tue l'innovation) et finance de jeunes étudiants pour qu'ils quittent l'université et créent leurs entreprises. Pour lui, non seulement les entreprises technologiques doivent remplacer les États lorsqu'ils ne sont pas performants, mais, à la fin, il n'y aura qu'un vainqueur : « *Je ne crois plus que la liberté et la démocratie soient compatibles* », explique-t-il. « *La question principale est de savoir comment s'échapper* [vers la liberté] *non pas* via *la politique, mais au-delà.* [...] *Nous sommes dans une course à mort entre la politique et la technologie*[44]. »

Les GAFA marchent sur les platebandes des États, partout où ils jugent ces derniers trop inefficaces. Que ce soit conscient ou non, voulu ou non, ils montent des projets concurrençant les services publics (marchands, non marchands, régaliens) et cherchent à construire une nouvelle civilisation. Cette ambition mobilise bien plus que des seuls *business men* et leur confère des caractéristiques que l'on attribue classiquement aux États.

Mais pourquoi diaboliser les GAFA, libertariens ou non, si les projets qu'ils mènent œuvrent pour le bien de façon extrêmement efficace et prônent un développement de l'humanité dans son ensemble ?

3

La France aux GAFA : et pourquoi pas ?

Finalement, n'est-ce pas souhaitable ?

Difficile de ne pas être admiratif devant les projets les plus ambitieux et les succès les plus éclatants des GAFA. Leur capacité de disruption est telle qu'ils sont peut-être mieux armés que les États pour rendre des services d'intérêt général et les faire évoluer avec nos besoins. Et si, finalement, l'ubérisation de l'État par les empereurs du numérique était une bonne nouvelle ? Et si leur arrivée sur le territoire des États était souhaitable ?

Un grand pouvoir implique de grandes responsabilités, aimait à répéter l'oncle de l'un des plus célèbres super-héros de la culture de la bande dessinée (*comics*) américaine (*Spiderman*). Les GAFA ont un grand pouvoir, ils le savent, et ils prennent leurs responsabilités. Ils semblent en apparence faire le bien, œuvrer pour l'intérêt général. Alors tant mieux. Certains de leurs projets pourraient être des programmes gouvernementaux dont tous se féliciteraient : aide au développement d'internet en Afrique ou en Asie, volonté d'éradiquer toutes les maladies, régulation des usages de l'intelligence artificielle. Leur stratégie est globalisée et globalisante, ils cherchent à améliorer l'existence de l'humanité entière. Tout produit ou service qui sort de la tête d'un ingénieur Google cherche à répondre à trois questions : résout-il un problème ou une friction ? Met-il l'utilisateur au centre ? Cela concerne-t-il le monde entier ? La devise de Google n'est-elle d'ailleurs pas, comme nous l'avons vu, « *Don't be evil* » (« Ne soyez pas malveillants »). Quant à la profession de foi de Facebook, elle stipule qu'il faut donner aux gens le pouvoir de partager et de rendre le monde plus ouvert et connecté (*Give people the power to share and make the world more open and connected*) : aucune mention n'est faite du nombre de publicités qu'il faut vendre pour y arriver.

Il est d'autant plus satisfaisant d'observer les GAFA marcher sur les platebandes des services publics et des États qu'ils arrivent souvent à des résultats bien meilleurs. C'est en tout cas l'impression qu'ils nous donnent. Par leurs prouesses technologiques et leur savoir-faire incomparable en termes d'analyse de données, ils proposent des solutions d'optimisation qui rendent immédiatement les systèmes précédents désuets et obsolètes. Le modèle de l'État-providence arrivant à bout de souffle, les GAFA seront les nouvelles entités vers qui se tourner dans tous les domaines de la vie quotidienne comme les exemples précédemment exposés tendaient à le montrer.

Là où les GAFA excellent également, c'est dans leur capacité à s'adapter aux besoins de leurs utilisateurs, presque en temps réel. En ce sens, ils pourraient bien mieux répondre au principe de mutabilité du service public que les administrations publiques actuelles. Les services publics sont régis par des lois dites de Rolland, en l'honneur du chercheur Louis Rolland qui tenta de systématiser les caractéristiques d'un service public. Les trois principes de base sont : la continuité, qui implique une régularité et une absence d'interruption majeure et gênante pour l'usager ; la mutabilité ou l'adaptabilité, qui reconnaît l'évolution au cours du temps des besoins des populations et le nécessaire ajustement du service public ; et l'égalité ou l'universalité du service qui stipule que la réponse à deux situations identiques doit être égale. Deux célibataires sans enfants touchant le même revenu de leur travail paieront la même somme d'impôt. Personnaliser le service public comme c'est aujourd'hui la tendance, ce n'est pas rompre son universalité, c'est repousser les frontières de la distinction de situations différentes. Les GAFA, par leur science des données, sauront mieux que quiconque analyser plus finement les situations et répondre de manière personnalisée tout en garantissant une équité devenue réelle. Surtout, par leur potentiel disruptif et leur compréhension saisissante de l'évolution du monde (qu'ils rythment en partie...), ils savent s'adapter en permanence aux évolutions des besoins des populations du monde entier.

Plus efficaces, plus adaptables aux besoins des citoyens, les GAFA ont également une vision plus long terme que les gouvernements. Là où le président de la République française est soumis à un calendrier électoral très resserré et ne peut avancer des idées qu'avec une extrême prudence, les PDG des GAFA peuvent faire des annonces visionnaires dont les résultats ne seront en cas de succès visibles que dans une décennie au moins. Ils ont la confiance aveugle de leurs actionnaires et se préoccupent moins des résultats trimestriels que la plupart des autres entreprises. Faut-il rappeler qu'Amazon n'est toujours pas rentable alors que sa valorisation atteint 335 milliards de dollars ? Le président de la République, comme ses prédécesseurs, doit gérer l'actualité à la minute, se rendre sur les lieux de chaque drame pour montrer la compassion entière du pays, jouer de sa majorité, éteindre les crises conjoncturelles et insignifiantes qui pourraient lui coûter cher lors de la prochaine campagne électorale, etc. En s'affranchissant des obstacles des rendez-vous électoraux et en ayant toute la confiance de leur actionnariat, Google, Facebook et consorts font la politique telle qu'elle devrait être, façonnent le futur de deux ou trois générations.

Les GAFA sont plus efficaces, veulent le bien de l'humanité, obéissent aux lois régissant le service public mieux que l'administration publique dans sa forme actuelle, ont une vision à long terme que les hommes politiques ne peuvent avoir, il faut donc voir d'un très bon œil l'ubérisation de l'État par les ambassadeurs du numérique.

Alors, rassurés ?

À moitié.

Les dangers

Effectivement, beaucoup de personnes émettent des réserves quant à cette analyse idyllique du rôle des GAFA. Elles sont de plusieurs ordres.

Les GAFA, instruments de la puissance américaine ?

Les GAFA peuvent apparaître comme le bras armé de la puissance américaine. Alliés du gouvernement, ils sont à présent les moyens de la domination des États-Unis sur le reste du monde bien plus que son armée, ses compagnies pétrolières ou Hollywood.

Les apports des GAFA aux États-Unis sont en effet considérables. La collaboration militaire n'est plus à prouver depuis les révélations en juin 2013 d'Edward Snowden dans *The Guardian* et *The Washington Post* sur PRISM, le programme américain de surveillance électronique relevant de la *National Security Agency* (NSA). Nous y apprenions que certains géants américains des nouvelles technologies parmi lesquels Google, Facebook et Apple avaient coopéré à un système de surveillance massif en donnant un accès direct aux données hébergées sur leurs serveurs à la NSA. Alors que Barack Obama présente le programme comme un outil de lutte antiterroriste, d'autres pointent aussi du doigt sa mission d'intelligence économique. L'apport financier direct des GAFA sur le sol américain est d'ailleurs considérable : en 2012, les États-Unis représentent 41 % de l'excédent brut d'exploitation et 83 % de la capitalisation boursière mondiale de l'économie numérique mondiale[1]. Les Alibaba, Baidu, Tencent et autres « GAFA chinois » ont depuis connu une croissance spectaculaire qui leur permet de rivaliser sans rougir avec les existants. L'Europe, en revanche, est marginalisée. Les géants du numérique américains captent massivement la valeur dans le monde entier et la concentrent en quelques points du globe, dont la France ne fait pas partie. Les États-Unis l'ont compris : pour être une grande puissance il faut un complexe militaire digne de ce nom, mais il faut aussi une économie forte. L'économie numérique mondialisée et reine du *soft power* est la candidate parfaite pour alimenter en données les renseignements américains comme pour faire rayonner économiquement et culturellement les États-Unis.

S'il semblerait que les intérêts des GAFA alimentent ceux des États-Unis, ces derniers le leur rendent bien. Les liens entre les géants du numériques et le gouvernement sont considérables. Financiers, dès le début, quand le Pentagone a joué un rôle central dans le développement des entreprises de la baie de San Francisco en les subventionnant. Quand, en retour, les profits de la Silicon Valley alimentent les campagnes des élus (Google a contribué à financer les campagnes électorales de 162 membres du Congrès américains[2]). Humains, aussi, dans les allers-retours permanents de certaines personnes entre les géants du numériques et les instances gouvernementales. Jared Cohen, ce fonctionnaire des Affaires étrangères débauché pour monter Google Ideas. Citons aussi Eric Schmidt, président exécutif de Google, qui non seulement dirige un comité du Pentagone qui étudie l'apport des innovations de la Silicon Valley à l'armée américaine, mais qui est aussi l'un des piliers du Conseil du président sur la science et la technologie (Office of Science and Technology Policy, OSTP).

Pour les GAFA, l'État américain est bien plus qu'un État qui cherche à récolter des impôts, il est son symbiote : l'organisme avec lequel il est en symbiose, avec lequel il est dans une association intime dont la durabilité dépend des apports mutuels entre les deux entités.

La tendance ne serait-elle pas d'ailleurs en train de s'inverser ? Les géants américains du numérique, un temps bras armé du gouvernement, ne sont-ils pas devenus plus puissants ? N'est-ce pas Washington qui est au service de San Francisco, et non le contraire ? Selon un ministre français, Obama aurait insisté lors de son voyage en France en février 2014 sur le fait que l'Union européenne brisait l'innovation en créant des lois dirigées contre les grands acteurs d'internet[3]. L'institution se réfugiait derrière de grands principes moraux là où son but était seulement de monter des barrières protectionnistes. Barack Obama, nouveau lobbyiste de Google ? Les GAFA sont l'avenir et, par cela, sont devenus les groupes avec lesquels on ne se fâche pas. Si le lien avec le gouvernement est évident, la relation de pouvoir n'est pas toujours claire. Qui maîtrise qui ? Hier on révélait qu'Apple collaborait au système de surveillance électronique de masse mis en place par la NSA, aujourd'hui la firme à la pomme tient tête au FBI (en façade du moins) et se pose en défenseur des libertés individuelles : « *Nous devons décider en tant que nation quel pouvoir devrait avoir le gouvernement sur nos données et notre vie privée* » explique Tim Cook, le patron d'Apple, lors de la présentation de ses nouveaux modèles d'iPhone début 2016[4]. Apple aurait en effet refusé jusqu'au bout de répondre à l'ordonnance judiciaire lui imposant de créer un logiciel pour déverrouiller un de ses téléphones dans le cadre de l'enquête sur l'attentat terroriste de San Bernardino en Californie en décembre 2015.

Pour certains, comme par exemple la Chine qui leur a fermé ses frontières, l'utilisation des produits développés par les GAFA représente une perte de souveraineté considérable. Que ces géants du numérique soient l'instrument de la puissance américaine ou l'inverse, l'empreinte du continent nord-américain existe et est parfois considérée comme une menace.

Les GAFA, des « business men » avant tout ?

En changeant de prisme, on peut être circonspect devant les discours pavés de bonnes intentions des GAFA pour n'y lire qu'un seul but : optimiser la valeur pour leurs actionnaires. Pour beaucoup, les dirigeants des GAFA restent des *business men* avant tout dont le mandat social n'est pas d'augmenter le bien-être général mais le chiffre d'affaires ou la valorisation de leur entreprise. Leurs actions qui se revendiquent d'intérêt général sont regardées avec cynisme et accusées d'être motivées par une logique financière (légitime, au vu de leur mandat). Même les projets menés par leurs branches philanthropiques ne seraient pas dénués d'arrière-pensées économiques. Indirectement, ils contribuent à augmenter la rentabilité ou la durabilité des activités les plus juteuses.

Les GAFA cultivent leur image de sauveurs de l'humanité. « Et ils en ont bien besoin ! », diront certains. Les contestations de leurs pratiques concurrentielles, d'optimisation fiscale ou de gestion des données personnelles se font de plus en plus pressantes, dans la société civile comme au niveau politique. Les mesures prises à l'encontre de ces techniques sont en passe de se durcir considérablement, notamment en Europe[5]. Après six ans d'enquête de la Commission européenne, Google risque une amende record de 3 milliards d'euros pour abus de position dominante. Les griefs ont été donnés en avril 2016 : on reproche au leader mondial du moteur de recherche de mettre en avant Google Shopping dans sa fonction de comparateur de prix, reléguant ses concurrents plus bas dans les résultats de recherche sans raison valable. Mais les peines de Google ne s'arrêtent pas là. La commissaire européenne à la concurrence Margrethe Vestager entend bien multiplier les fronts en examinant aussi le fonctionnement d'Android et les pratiques publicitaires de Google. La firme impose à tous les fabricants de smartphones et de tablettes qui veulent utiliser le système d'exploitation Android de pré-installer son navigateur Chrome et son moteur de recherche, allant jusqu'à payer le fabricant pour avoir l'exclusivité. Elle fait l'essentiel de son chiffre d'affaires grâce au *Search Engine*

Marketing (SEM), qui permet à un site d'augmenter sa visibilité sur le moteur de recherche.

Il est prévu que la régie publicitaire de Google, AdWords, qui vend des mots clés par un système d'enchères, soit analysée par la Commission européenne. Enfin, les pratiques d'optimisation fiscales des GAFA font aussi l'objet d'enquêtes. Celles-ci ne relèvent pas des compétences de l'Union mais sont du ressort des États-membres. Cependant la Commission et la majorité de ces derniers poursuivent le même objectif : la France s'est même appuyée sur une décision du Parlement européen approuvant l'obligation pour les multinationales implantées en Europe de publier leurs résultats financiers et les impôts versés pays par pays pour lancer l'opération Tulipe. Une perquisition lancée par le procureur national financier a eu lieu au siège de Google à Paris le 24 mai 2016 afin de récupérer et d'examiner plusieurs teraoctets de données informatiques. Déjà connus pour leur activité de lobbying bien supérieure à la moyenne (en 2014, Google a dépensé 17,4 millions de dollars à Washington et 4,5 millions à Bruxelles pour du lobby[6]), Google et les GAFA dans leur ensemble ont plus que jamais besoin de chérir leur image. Les projets clamant le progrès de l'humanité entière sont une façon efficace et subtile de rappeler qu'ils sont du bon côté de la Force.

Mais ces bonnes œuvres ne sont-elles pas un moyen pour les GAFA d'acquérir encore plus de données et d'utilisateurs ? C'est ce que Cade Metz, journaliste du magazine *Wired*, suggère au sujet de l'implication d'Amazon dans OpenAI[7]. Cette initiative d'Elon Musk visant à ouvrir les outils et les données des services d'intelligence artificielle afin d'assurer que son développement soit bien une extension des volontés humaines est en effet une opportunité immense pour Amazon (et les autres). Elle lui permettrait de bénéficier de l'immense *pool* de données détenues par Google et Facebook : l'apprentissage par les machines nécessite qu'on les « alimente » avec une quantité immense d'informations, et seuls ces deux géants possèdent un nombre d'utilisateurs supérieur à 1 milliard. Les initiatives d'« intérêt général » peuvent aussi être un moyen d'acquérir de nouveaux utilisateurs qui sont de plus en plus difficiles à aller chercher. Et pour cause ! Excepté en Chine et dans quelques dictatures, la majorité des personnes à conquérir n'ont tout simplement pas accès à internet. Le prochain levier de croissance des GAFA est simple : connecter le monde entier pour qu'il puisse bénéficier de leurs services. Comme nous l'avons vu, c'est bien ce que Facebook et Google cherchent à faire avec respectivement les programmes Internet.org et Google Loon et Titan.

Le projet Internet.org cristallise d'autant plus de critiques qu'il prive les utilisateurs du reste de la toile et déjoue le principe fondateur d'internet, la décentralisation. En effet, le programme ne donne accès gratuitement qu'à un nombre limité de sites choisis par Facebook : la firme ne se contente pas d'inciter les gens à utiliser son réseau social (Facebook fait évidemment parti de la *short list*), elle les enferme dans son propre Web et va à l'encontre du principe de neutralité de l'internet. Ce principe statue que « tous les paquets naissent et demeurent libres et égaux en droit[8] » ou, plus précisément, que les réseaux de communications électroniques doivent transporter tous les flux d'information de façon neutre indépendamment de leur nature, de leur contenu, de leur expéditeur ou de leur destinataire[9]. Il exclut donc qu'un opérateur bloque ou favorise certains contenus. C'est d'ailleurs pour cette raison que le régulateur des télécoms indien, la *Telecom Regulatory Authority of India* (TRAI), a décidé de stopper le développement d'Internet.org en Inde. La mise en cause du programme a commencé lorsque des défenseurs indiens de la neutralité de l'internet (SaveTheInternet.in) ont alerté le grand public des effets négatifs du partenariat entre Reliance Communications (opérateur télécom indien) et Facebook pour lancer l'offre gratuite : le service ne respecte pas la neutralité de l'internet et discrimine les sites exclus de la liste. La TRAI décide de lancer un sondage visant à mesurer la sensibilité de la population au principe de neutralité de l'internet. Facebook dépense 44 millions de dollars en publicité et incite ses utilisateurs indiens à répondre au sondage[10]. Le régulateur indique que la majeure partie des réponses n'est pas exploitable car elles prennent seulement la défense du réseau social et ne répondent pas aux questions plus larges concernant la différentiation tarifaire pratiquée par Internet.org. En février 2016, la TRAI interdit le programme Internet.org en Inde.

Mais ce n'est pas tout.

L'abyssale question du lien entre technologie et politique

Les GAFA sont certainement aussi, au moins sur certains projets, dans une logique purement philanthropique, sans arrière-pensées ni politico-militaires ni financières. Ou plus précisément, même si un modèle d'affaires économiquement viable vient en appui des initiatives lancées « pour l'intérêt général », la motivation première est peut-être bien celle de changer le monde en quête d'un avenir meilleur.

Comment savoir ce que les GAFA ont réellement derrière la tête ?

En interne, les employés Facebook sont très motivés par l'idée de « donner aux gens le pouvoir de partager et rendre le monde plus ouvert et connecté », un des slogans de l'entreprise. Jeunes et ultra-compétents, ils ont souvent beaucoup travaillé pour en arriver là et sont à présent en quête de sens. Facebook comme Google leur donnent l'impression d'être utiles et de contribuer au monde de demain. Ce n'est pas la vente de la publicité qui les tire vers le haut, c'est la sensation d'apporter leur pierre à l'édifice du progrès de l'humanité dans son ensemble. Alors pourquoi la leur jeter ?

De la même façon, on a du mal à imaginer Sundar Pichai (directeur général de Google) épris de machiavélisme discutant avec Eric Schmidt (président exécutif) dans un dialogue à la Minus et Cortex, ces deux souris de laboratoire qui fomentent toutes sortes de plans pour prendre le pouvoir :

Eric : « Dis, Sundar, tu veux faire quoi aujourd'hui ? »

Sundar : « La même chose que tous les jours, Eric. Tenter de conquérir le monde ! »

Alors oui, il serait imprudent d'avoir une vision simpliste des intentions réelles des GAFA. La vérité, comme souvent, est certainement un savant mélange des trois hypothèses. Comment savoir si la motivation initiale est de faire de l'argent et si, en passant, le projet sert les intérêts américains et sauve le monde ? Si la motivation initiale est de sauver le monde et si, en passant le projet fait de l'argent et sert les États-Unis ? etc. Cette motivation fait-elle consensus au sein du groupe ? Évolue-t-elle au fur et à mesure que l'entreprise mûrit ? Certainement. Comment savoir ? Les dirigeants des GAFA eux-mêmes se posent-ils vraiment la question ? Ou sont-ils davantage pragmatiques et étudient-ils projet par projet l'apport à l'ensemble de parties prenantes (humanité comprise) ? Surtout : a-t-on vraiment besoin de répondre à toutes ces questions ?

Car dans tous les cas, et même si la logique des GAFA est purement bienveillante, le lien entre technologie et politique interpelle. Même si ces initiatives ne sont pas le résultat d'arrière-pensées inavouées, elles posent des questions de légitimité démocratique.

Le sous-bassement politique des technologies

La façon dont les GAFA abordent les problèmes n'est peut-être pas celle qu'aurait employée un gouvernement à qui les citoyens auraient confié les commandes, et il est important d'en avoir conscience. Les technologies et leur usage sont toujours l'expression d'idées, de valeurs, de principes. Elles reflètent des choix politiques, conscients ou inconscients, plus ou moins explicites.

Relativement explicites quand l'algorithme *Trending News* de Facebook est soupçonné de favoriser les démocrates sur les républicains. Trending News est une fonctionnalité de Facebook qui n'existe pas en France, c'est une petite pastille que les Américains trouvent en haut à droite de la page et qui indique les sujets les plus en vogue du moment. Ces sujets sont principalement identifiés à l'aide d'un algorithme qui repère le nombre total de mentions sur le réseau social et leurs augmentations soudaines. Mais Trending News utilise aussi un robot qui passe en revue le contenu des sites internet (un *crawler*) qui détecte les événements soudains sur la toile indépendamment des buzzs liés à Facebook. C'est l'algorithme de ce *crawler* qui est au cœur du débat.

Tandis que les dirigeants de Facebook réfutent l'insertion artificielle de sujets en vogue ou une configuration de l'algorithme en faveur d'un parti, le site d'information spécialisé dans les technologies Gizmodo (affilié au groupe de médias en ligne américain Gawker) l'accuse de fonctionner comme une rédaction qui opère des choix éditoriaux affirmés[11]. Ted Cruz et Scott Walker notamment (candidats à l'investiture républicaine en 2016) auraient été écartés de la liste des Trending News.

Et les polémiques ne sont pas prêtes de s'arrêter là. Facebook, qui proposait déjà un format Live permettant de diffuser des vidéos en direct sur le réseau social depuis un smartphone, va plus loin : il se lance dans la télévision en direct. Demain, il sera possible grâce à la « Live API » de publier des vidéos en direct depuis n'importe quel type de caméra[12]. Quel impact sur les 1,5 milliard d'utilisateurs Facebook si ce dernier use du même pouvoir discrétionnaire dont il est accusé pour Trending News ? Celui d'une ORTF 2.0[13] à la force de frappe considérable ?

Pour certains, le débat n'a pas lieu d'être : « Facebook est une société privée qui peut faire ce qu'elle veut. Si elle veut mettre en avant un sujet ou un point de vue, c'est son droit comme c'est celui de *Fox News* ou du *New York Times* », considère Joel Kaplan, doyen associé à l'université de Syracuse[14]. Certes, mais il est difficilement acceptable que l'utilisateur soit dupé. C'est le devoir de loyauté auquel on fait souvent allusion : si *Trending News* prétend faire remonter uniquement les buzz créés par ses utilisateurs sur le réseau social, l'utilisation d'un *crawler* externe questionne ; si Amazon nous propose une liste de suggestion « les clients ayant consulté cet article ont également regardé », on est en droit d'attendre qu'elle soit vraie. L'impact de ces algorithmes n'est pas fantasmé : d'après une étude du psychologue américain Robert Epstein, Google déterminerait le vainqueur dans 25 % des élections du monde entier. La sélection d'informations favorisant l'un des candidats dans l'affichage des résultats de Google search pourrait aider ce candidat à acquérir environ 12 % de la totalité des voix des citoyens indécis, et jusqu'à 80 % dans certains groupes démographiques[15].

Ces réflexions nous amènent vers des exemples d'algorithmes reflétant des choix politiques plus implicites que ceux cités précédemment. Implicites car les algorithmes ne sont pas neutres et il serait stupide de leur demander de l'être : leur finalité même est de faire un choix. Dominique Cardon l'explique très bien dans son ouvrage *À quoi rêvent les algorithmes ?*[16]. Nous ne savons pas à quoi ils rêvent, mais ils sont l'expression de valeurs et de principes. L'algorithme de Google search est universel, il se fait sur une base méritocratique : un site A sera très visible si d'autres sites ont mis des liens vers ce site A. Google classe les informations de la même façon pour l'ensemble des internautes (à la localisation près). Il utilise un modèle de classement par l'autorité, là où celui de Facebook se fait par l'affinité : le réseau social organise l'information qui m'intéresse en fonction de mon profil. Cela m'enferme dans un espace affinitaire, dans une communauté. Je n'ai pas accès à un tas d'informations qui font peut-être la une en dehors de mon monde. Fermeture d'esprit ? À l'inverse, Facebook apporte une visibilité à tous les individus, il démocratise la prise de parole, il permet la publication de masse. Google, lui, a un fonctionnement proche du monde de la recherche où chaque voix n'a pas le même poids, l'expression visible est réservée à des élites[17].

Explicitement ou non, les algorithmes représentent des conceptions différentes de la société. Très consciemment dans le cas de Facebook, qui érige l'universalité d'expression en fer de lance. Marc Zuckerberg a de fait pris très au sérieux la révélation de Gizmodo et a répondu dans un communiqué en rappelant : « *Facebook se bat pour que chacun puisse faire entendre sa voix. Nous pensons que le monde est meilleur lorsque des personnes d'horizons différents et aux idées différentes ont toutes le pouvoir de partager leurs réflexions et leurs expériences.* [...] *Chaque outil que nous créons est conçu de telle sorte qu'il poursuive cet objectif*[18] ».

Derrière la technologie se cache une vision du monde : quelle est celle que nous souhaitons ?

Solutionnisme technologique

Si la technologie masque une vision du monde, on pourrait réciproquement reprocher aux GAFA de ne voir le monde qu'à travers le prisme technologique. C'est ce qu'Evgeny Morozov, intellectuel biélorusse, appelle le « solutionnisme technologique ». Il explique : « *Au fur et à mesure que la Silicon Valley corrompt notre langage avec la glorification sans borne de la disruption et de l'efficacité – concepts qui ne vont pas de pair avec le vocabulaire de la démocratie – notre capacité à questionner le "comment" en politique est affaiblie. La réponse par défaut de la Silicon Valley au comment est ce que j'appelle le solutionnisme : les problèmes doivent être réglés avec des app, des capteurs, et des boucles de rétroaction – toutes fournies par des start-up*[19] ». C'est la thèse de son ouvrage *To save everything, click here*[20]. Pour Morozov, les GAFA considèrent que tout aspect de la société n'est en fait qu'un problème à résoudre (la sécurité, le transport, la santé, l'éducation, etc.) et qu'il n'y a pas d'autres solutions que la leur. Que leur État idéal n'est pas celui réduit à son strict minimum et dirigé par une poignée de libertariens, mais un État obsédé par l'analyse de données dirigé par des économistes spécialistes des sciences comportementales. Leur foi utopique dans les technologies supprime la question pourtant primordiale de savoir comment doit être résolu tel ou tel problème.

La résolution de grands problèmes politiques et sociaux à l'aide de la seule technologie est en effet limitée. Prenons l'exemple d'une balance connectée qui vous dirait : « *Vous avez pris 5 kg en une semaine, 30 % vous sont offerts sur ces baskets Nike et au Club Med Gym pour y remédier* ». Génial, la technologie pousse à l'activité physique. Mais quid du lobby anti-fast-food et des cours d'éducation alimentaire à l'école primaire ? Les algorithmes délaissent souvent la compréhension des causes, ne s'intéressant qu'aux effets. Il convient de prendre du recul car, dans beaucoup de cas, une résolution collective et politique est aussi nécessaire. La réponse faite par Michel Serres à la question « *Que pensez-vous des transhumanistes et de leur vision d'homme augmenté ?* » lors d'une conférence des rencontres internationales de la gestion publique résume bien cette idée. « *Qu'ils n'arriveront pas à obtenir mieux qu'un idiot augmenté*[21] ! » La technologie ne peut pas tout résoudre, c'est le rôle du politique de voir les problèmes dans leur ensemble et de leur appliquer des solutions globales.

Mathias Döpfner, patron du plus important groupe de presse allemand, Axel Springer, exprime lui aussi son inquiétude : « *Les services et algorithmes de Google ne sont pas un programme de gouvernement. En tout cas, ils ne devraient pas l'être* ». Le lien entre technologie et politique est saisissant et c'est à nous tous de le réaliser.

Mais la raison pour laquelle toutes ces questions se posent réside ailleurs. Comme l'écrivait le même Mathias Döpfner en 2014 dans une lettre ouverte à Eric Schmidt « Nous avons peur de Google »... à cause de « l'absence d'alternative[22] ».

Une dépendance excessive

Le vrai problème est le suivant : les GAFA sont si puissants et si omniprésents dans nos usages que nous en devenons extrêmement dépendants. La vision politique et sociétale des GAFA ne serait pas si dérangeante s'il existait des alternatives : nous choisirions les produits qui sont le plus en accord avec nos valeurs et nos principes. Mais, à force de mettre tous nos œufs dans le même panier, nous nous retrouvons dans la même situation qu'un site de e-commerce qui veut percer le marché : nous sommes très dépendants des choix technico-politiques faits par les GAFA tout comme le site de e-commerce est pieds et poings liés à l'algorithme de classement de Google search. C'est ce qu'explique Nicolas Dufourcq, le président de Bpifrance : « *Sans nier la qualité de l'innovation technologique créée, le monde entier à l'exception de la Chine est obligé de travailler en se demandant comment éviter de déplaire à Google ou Apple, car la disgrâce peut être rapidement très lourde de conséquences*[23] ».

Si demain Google installe Android dans ses voitures autonomes, dans ses drones livreurs de colis, dans son matériel de santé connecté, aura-t-on vraiment la possibilité de critiquer son mode de gestion des publicités ? Si demain Facebook assure la sécurité civile, pourra-t-on vraiment lui reprocher ses pratiques fiscales ? Nous n'en sommes pas là, mais que penser des vives réactions qu'a suscitées le blocage de Facebook par les autorités turques à la suite des attentats à l'aéroport d'Istanbul le 28 juin 2016 ? Le blocage (ou le ralentissement) du réseau social faisait suite à l'interdiction de diffusion des images de la tuerie pour ne pas « créer la panique et le chaos[24] » selon le gouvernement. Plusieurs personnes ont fermement critiqué cette décision : Facebook avait activé le Safety Check, qui permet aux utilisateurs d'indiquer en un clic si eux et leurs proches sont en sécurité, et il n'a pu être utilisé pleinement. En cas de nouvelle catastrophe, le gouvernement osera-t-il affronter la volonté de sa population ? Consciemment ou non, Facebook a créé un service qui risque de devenir l'usage de référence en cas de catastrophe ou d'attaque terroriste et qui forcera les politiques à y regarder à deux fois avant de prendre une mesure contre le réseau social.

Que se passera-t-il si les choix des GAFA sont de moins en moins en accord avec ce que souhaite la société (française, européenne, mondiale) ?

La priorisation des sujets de recherche par les GAFA n'est peut-être tout simplement pas celle qu'aurait adoptée un gouvernement élu (légitime démocratiquement). Or les moyens qu'ils peuvent y mettre sont tels que ce choix finit par concerner l'humanité dans son ensemble ! Si, dans vingt ou trente ans, les États sont devenus si pauvres et impuissants que les avancées médicales significatives ne sont réalisées que par les GAFA (qui auraient même supplanté les laboratoires pharmaceutiques), quel contre-pouvoir restera-t-il s'ils choisissent de mobiliser tous leurs moyens sur la maladie rare (imaginaire et que nous n'espérons pas) de Marc Zuckerberg Junior plutôt que sur la maladie qui touche le plus de personnes au monde ? Nous ne pouvons dépendre exclusivement de leurs choix et les laisser, parce que c'est plus rentable ou qu'ils y trouvent plus d'intérêts, se pencher sur la lutte contre le cancer et non la résistance aux antibiotiques.

Que se passera-t-il si Google ou un autre gère la sécurité sociale de façon personnalisée selon des tarifs qui dépendent précisément de notre mode de vie, plus ou moins sain, connu par les données auxquelles le groupe a accès ? Pas besoin d'attendre vingt ans pour que de tels modèles d'affaire émergent : le think tank Health 2020 propose dans son rapport de mai 2014 d'étendre les réductions d'impôts aux Anglais qui arrêteraient de fumer, resteraient minces ou boiraient moins d'alcool[25]. Le micro-management de la vie de chacun, la punition plus que l'éducation, la responsabilisation à l'extrême sans tenir compte de facteurs aggravants externes seront-ils le modèle vers lequel nous voulons tendre ? Le débat est grand, et mérite d'être posé et tranché de façon démocratique. Aujourd'hui, hier, comme demain, dépendre d'un nombre restreint d'acteurs privés est risqué. Il y va de notre souveraineté.

⁂

« *On devrait traiter la Silicon Valley avec la même suspicion que Wall Street*[26] » pour Evgeny Morozov. Dépasser cette insouciance juvénile qui nous donne envie de croire que ces mastodontes sont de dévoués serviteurs de la démocratie. Sans forcément aller jusque-là, il est important de réaliser que la souveraineté de l'État (et donc celle des Français), son droit exclusif d'exercer l'autorité sur son territoire sont bel et bien remis en cause dans la pratique.

L'issue est moins dans la diabolisation des GAFA que dans la prise de conscience des enjeux, de la part tant des gouvernements que des citoyens. Les GAFA, eux, avancent, et sans nous demander notre avis. À nous de prendre du recul ! Nous sommes tous partiellement responsables : gouvernement et intellectuels obligés de se rattacher à une idéologie américaine et incapables de construire un vrai contre-modèle, entreprises qui n'ont pas su ou pas pu faire émerger des champions européens équivalents, citoyens qui utilisons quotidiennement leurs outils. D'après Stanislaw Lern, un auteur de science-fiction polonais : « *La société ne peut abandonner la liberté de décider de son destin, aussi pesante soit-elle, et la sacrifier sur l'autel du régulateur cybernétique*[27] ».

Alors il faut dresser un constat équilibré et lucide. Comme nous y invite le rapport 2015 du Conseil national du numérique[28], il est temps de « *dépasser aussi bien les discours du réductionnisme technologique qui rabattent le numérique sur l'outil, que les discours qui parent le numérique de valeurs et de vertus intrinsèques en oubliant à quel point celui-ci est un construit social.* [...] *La société numérique n'est pas une force qui va, mais procède au contraire d'un ensemble de choix individuels mais aussi et surtout collectifs.* » Si nous voulons un État souverain, accélérons la modernisation de l'action publique afin que nous n'ayons pas à nous en remettre (uniquement) aux GAFA pour l'exercer.

Partie II

L'État contre-attaque

L'État apparaît aujourd'hui dépassé, sans solutions. Le citoyen peut avoir le sentiment d'une administration tournée vers elle-même, se complaisant dans sa propre complexité. L'État a perdu son lien avec la multitude : les contraintes administratives ont remplacé les usages citoyens comme points cardinaux de l'action publique. Il devient par ailleurs difficile aux administrations publiques de porter des projets sur le moyen et long terme tant l'innovation s'accélère dans le monde actuel, rendant obsolète la décision prise quelques années auparavant. Les projets ambitieux sont difficiles à mener et conduisent le plus souvent à un gouffre financier imprévu. Le logiciel qui devait gérer la rémunération de la moitié des agents publics, l'opérateur national de paye (ONP), a dû être arrêté en cours de développement en 2014 tant le budget attendu avait été dépassé, tant la conception initiale (en 2007 !) ne répondait plus aux enjeux techniques et sociétaux actuels[1]... La mission de prospective a sans cesse échoué, n'anticipant ni les chocs pétroliers ni les crises financières. L'action publique se trouve démunie pour résorber le chômage de masse.

La forme actuelle de l'État ne semble plus en phase avec les aspirations et les modes de vie des sociétés du XXIe siècle. La mutation qu'il doit entreprendre aujourd'hui est drastique, mais elle est loin d'être une première. La notion même d'État a d'ailleurs beaucoup évolué au fil des siècles.

C'est seulement à la fin de la guerre de Trente Ans qui déchira l'Europe trois décennies durant qu'en 1648 le traité de Westphalie grave dans le marbre du droit international le principe d'État-nation, faisant coïncider une notion identitaire (la nation) et un système institutionnel de gouvernance. Le traité inscrit un nouveau concept dans le droit international et fait se rencontrer une identité nationale et un pouvoir politique. C'est la nation qui devient la base de la légitimité de l'État. Cette construction philosophique de l'État aura beaucoup d'échos dans la pensée des Lumières, pour qui la nation est l'incarnation politique du corps social et doit imposer sa marche à l'État. C'est ainsi qu'au XIXe siècle, la nation est l'étalon référence pour l'unification d'États comme l'Italie ou la dislocation de territoires supranationaux[2]. En parallèle s'était développé le concept de droit du sol, ancré dans le marbre dans la Constitution de 1791 et renforçant la territorialité de l'État-nation. En plus de défendre un peuple faisant nation, les soldats défendent aussi un territoire souverain.

Pour Marcel Gauchet, la Grande Guerre (1914-1918) a été le paroxysme de l'État moderne tel qu'il s'est bâti depuis la Renaissance[3]. Selon lui, la Première Guerre mondiale voit l'État, incarnation de la rationalité organisationnelle, être en capacité de soutenir un effort collectif inédit. Une extension considérable de l'État s'est fait jour au tournant du XXe siècle, l'État devenant État-providence et organisant la redistribution des richesses ainsi que les infrastructures de commodité nécessaires au développement économique. C'est l'âge « *des monopoles de services publics (sur les marchés télécoms, de l'électricité et du gaz, ou encore du transport aérien et ferroviaire)* [...] *Considérant que le marché ne peut pas seul remplir toutes les garanties de service public, l'État intervient directement en produisant le service aux usagers*[4] ». Mais après les Trente Glorieuses, malgré l'évolution du monde, on fait croître considérablement les ressources humaines de l'administration (effet encore démultiplié après les premières lois de décentralisation) sans pour autant repenser sa structure, de moins en moins en phase avec la société.

À partir de la fin des années 1980 cependant, la relation entre le service public et l'État change quelque peu. Le monopole public tend à céder du terrain au secteur privé sur certains sujets. L'État-providence devient peu à peu un État architecte qui guide les entreprises privées « *vers des objectifs d'intérêt général qu'ils ne fourniraient pas spontanément*[5] ». Si ce modèle a sans doute été le bon lorsqu'il a été mis en place, ses limites apparaissent criantes aujourd'hui. L'architecte a toujours choisi les mêmes prestataires, les mêmes entreprises de menuiserie, les mêmes entreprises de plomberie, les mêmes électriciens et les mêmes jardiniers. Il les connaît bien, leur impose des cahiers des charges très précis, et surveille l'exécution…

État souverain, État-nation puis État-providence, l'État est devenu État architecte. Aujourd'hui, l'État doit aller plus loin et s'il veut répondre à la menace d'ubérisation, il doit en comprendre tous les ressorts, moins réglementer pour réguler de façon plus efficace et porteuse d'intérêt général, repenser son mode d'action en s'inspirant des principes de la nouvelle économie. Devenir en somme un État ubérisé, et bien plus.

4

L'Uber-État et au-delà

L'État doit contre-attaquer et s'ubériser lui-même avant que d'autres ne s'en chargent. Mais à quoi pourrait bien ressembler un État ubérisé ? Il s'agit de transposer notre définition de l'ubérisation aux services publics et de les voir devenir des plateformes numériques agiles, sans infrastructures lourdes, et tournées vers les besoins des clients, dans ce cas des citoyens. Notons ici qu'il n'est absolument pas question de marchandiser l'État ni de prendre la sphère marchande et le paradigme du client en modèle absolu dans la construction politique. En revanche, nous pensons que la puissance publique, en s'acculturant au numérique, doit *designer* les services publics comme une entreprise 2.0 le ferait pour ses clients. Les services publics doivent à nouveau être au service du public. Là encore, il convient de faire la distinction entre les fonctions de distribution et de production de service.

Ubériser la distribution de service public

Une distribution ubérisée, c'est rendre les interfaces entre les citoyens et l'Administration simples et faciles d'utilisation. Passer un baume apaisant sur les points de contact douloureux, en somme. Cela se traduit dans les faits par une logique de guichet unique, de plateforme numérique unique en l'occurrence, où le citoyen se connecte et n'a qu'un seul interlocuteur. Vous avez toujours rêvé de faire la queue à La Poste en même temps qu'à la préfecture tout en payant vos impôts et en demandant un permis de construire ? La plateforme numérique unique le fera. Pour le citoyen, l'administration publique est un tout : peu lui importe qu'il s'adresse à la Direction générale des finances publiques pour payer ses impôts, à la Caisse d'allocations familiales pour une aide personnalisée au logement, à la préfecture pour renouveler son passeport ou à la mairie pour déposer un permis de construire. Le citoyen n'a pas à subir la complexité administrative.

Des projets allant dans cette direction existent déjà au sein de certains organismes publics. C'est notamment ce à quoi s'emploie chaque jour la Direction interministérielle du numérique et du système d'information et de communication de l'État (DINSIC), la branche numérique du Secrétariat général pour la modernisation de l'action publique (SGMAP), placé sous la tutelle du Premier ministre. Au sein des longs couloirs quelque peu monotones du bâtiment Turgot du ministère de l'Économie et des Finances, se cache un havre d'innovation : un incubateur de start-up. Oui, en plein Bercy, un incubateur de start-up. Ce sont des start-up quelque peu particulières puisqu'il s'agit de start-up d'État qui ont pour but de résoudre (*cracker* devrait-on dire) des problèmes précis, des irritants, en réinventant la manière de construire des services publics[1]. Simplicité et confiance sont les maîtres mots. Les projets sont menés sur une courte période, généralement six mois, et bénéficient d'un budget limité. Idéalement, ils sont portés par ceux qui connaissent le mieux la situation, ceux qui chaque jour sont au contact de l'irritant : par des « intrapreneurs » animés de la volonté d'innover au sein de la sphère publique[2]. C'est par exemple le cas des start-up d'État lancées en partenariat avec Pôle emploi (Labonneboite et Labonneformation) qui sont des émanations d'idées d'agents de terrain ayant été détachés de leur fonction un semestre, avec un budget de 200 000 euros et l'expertise (notamment technique) des startupeurs d'État pour les mettre en œuvre. Le service est ensuite consolidé puis intégré à ceux des opérateurs institutionnels concernés (dans ce cas Pôle emploi).

Ubériser la distribution de service public, c'est donc faciliter les échanges entre l'usager et l'Administration. La start-up d'État mes-aides.gouv essaye de s'attaquer au non-recours aux aides sociales auxquelles les foyers pourraient prétendre. Beaucoup de personnes qui sont éligibles à des aides sociales ne les demandent pas (68 % dans le cas du RSA activité et 35 % pour le RSA socle[3]). Or la première raison avancée est la complexité du système : à qui demander ? quand ? On n'a surtout souvent jamais entendu parler de telle ou telle aide. À partir de quelques questions sur votre situation sociale, mes-aides.gouv vous informe alors de toutes les aides auxquelles vous êtes éligible en moins de cinq minutes sans tenir compte de l'administration qui la propose. Le service décloisonne, casse les silos administratifs et est résolument tourné vers le service à rendre au citoyen aux yeux duquel la complexité administrative disparaît, l'interlocuteur unique étant une plateforme agile[4].

Cette logique de guichet unique se retrouve aussi dans l'outil d'authentification France Connect, également développé par le SGMAP[5]. Chaque administration qui le souhaite peut désormais utiliser cet outil pour fluidifier le point de contact entre l'usager et les divers sites publics. À la manière de *Facebook Connect* qui permet de s'identifier sur de nombreuses applications à l'aide de son compte Facebook, au lieu de disposer d'un identifiant et d'un mot de passe pour chaque site d'une administration, l'authentification se fait par le biais d'un seul couple identifiant-mot de passe : l'identité pivot. C'est finalement remplacer un lourd trousseau de clés par une clé unique.

Avoir une plateforme unique d'interface avec l'administration, cela signifie aussi ne pas avoir à répéter des opérations similaires à chaque point de contact avec la puissance publique. On ne devrait pas avoir à demander l'acte de naissance à la mairie de la commune de naissance pour le donner à la préfecture : l'échange d'informations doit pouvoir se faire directement entre les administrations, sans passage par le citoyen. On ne devrait pas non plus avoir à fournir les mêmes informations et les mêmes pièces justificatives à chaque nouvelle formalité administrative. C'est tout le sens du programme Dites-le-nous une fois développé par le SGMAP. On pourrait en effet imaginer des solutions innovantes répondant à cet irritant. Un autre acteur public que l'on n'attendait peut-être pas entre lui-aussi dans cette dynamique, La Poste. Cette organisation vieille de six siècles entame la transformation la plus drastique de son histoire dans laquelle l'enjeu n'est plus de passer du cheval à la diligence, de la diligence au train, du train à l'automobile, mais de trouver une raison d'être quand l'objet même de son activité disparaît, quand la lettre physique est dévorée par le numérique. La Poste a créé Digiposte, un espace de stockage sécurisé (à la manière de Google Drive ou de Dropbox) permettant en plus de faire évoluer les formats des fichiers déposés au cours du temps pour assurer leur lecture dans cinquante ou cent ans (une réelle plus-value comparé aux plateformes américaines dont Digiposte s'inspire)[6]. Pourquoi ne pas imaginer plusieurs tiroirs dans ce coffre-fort numérique, les organismes pouvant venir piocher les informations nécessaires dans les tiroirs qui leur sont accessibles ? Il n'y aurait alors plus qu'à demander à l'usager les pièces manquantes qu'il n'a jamais données à aucune administration ou les champs qui doivent être modifiés dans tel ou tel formulaire suite à une évolution de sa situation...

Ubériser la distribution de service public, c'est donc créer ce point de synthèse fluide, cette interface unique entre deux mondes : celui des organismes administratifs, d'une part, et celui de la société civile, d'autre part. On imagine facilement combien le numérique pourrait apporter pour faire de la logique de plateforme unique la règle, légère en infrastructures et centrée sur le citoyen.

Ubériser la production de service public

Uber a révolutionné l'offre de transport en assurant tout pour le client, sauf le transport en lui-même qu'il laisse à des chauffeurs qu'il n'emploie pas. Airbnb a bouleversé l'hôtellerie en s'occupant de tout pour les touristes, sauf du logement. Ces start-up se sont contentées – et c'est déjà beaucoup – de mettre en relation offre et demande pour ébranler les monopoles ou oligopoles établis. On l'a dit, elles œuvrent en dehors du cœur de métier, à côté, pour transformer l'expérience utilisateur. Si la plateforme et la captation de valeur sont très centralisées, la production du service est totalement décentralisée, atomisée. Ce n'est pas Uber qui vous transporte d'un point à un autre, ce sont les chauffeurs et leur voiture qui ne sont respectivement ni employés ni actifs de l'entreprise. Ce n'est pas Airbnb qui immobilise des appartements à son actif, c'est monsieur

Tout-le-Monde qui vous accueille chez lui. Pour l'État, une production de service public ubérisée doit répondre à la même logique : il faut parfois accepter de ne pas tout faire mais au contraire déléguer, décentraliser le rendu de service pour être plus efficace. Cette production atomisée de service public peut reposer soit sur la multitude, soit sur des actifs sous-utilisés de l'État.

S'appuyer sur la multitude pour produire un service public, c'est faire confiance à la société civile, à tous les citoyens qui le voudraient, pour façonner les diverses prestations et faire œuvre civique. À la manière de ce que fait BlaBlaCar qui donne le volant à ses abonnés, lesquels partagent les frais de déplacement, ou de ce que fait que fait UberPop. À la manière aussi de la logique mise en place par Airbnb quand des particuliers proposent des nuitées dans leur appartement ou leur maison. C'est en quelque sorte ce qui se fait déjà chez les pompiers : sur les 250 000 soldats du feu en France, 78 % soit 195 000 sont des volontaires, des amateurs. Bien entendu, le service ne fonctionnerait pas sans les pompiers professionnels mais c'est une première brèche. La puissance publique organise l'architecture du service avec ceux dont le métier est de protéger la population contre les incendies et autres incidents de la vie. L'échafaudage est ensuite augmenté de la participation des volontaires.

Les cours de langues étrangères au collège et au lycée font souvent l'objet de critiques en France. Il est reproché de former les élèves de façon trop académique, d'accorder une importance exagérée à la grammaire aux dépens de l'oralité, des conversations de la vie réelle. Plongés dans le monde professionnel, désormais largement internationalisé, les Français peinent à retrouver leur anglais et se comparent avec désespoir aux Allemands, Scandinaves ou Polonais qui semblent moins inquiets et complexés à l'idée de s'exprimer dans la langue de Shakespeare. Pourquoi l'Éducation nationale ne recruterait-elle pas des retraités anglais ou américains pour échanger avec les élèves *via* des plateformes numériques comme Skype quelques heures par semaine ? Apprentissage d'une langue d'un côté, construction d'un lien social et lutte contre l'exclusion des seniors de l'autre. Ce serait construire des ponts entre des cultures, des pays et des générations. Surtout, le potentiel de progression permis par ce type d'échange pourrait considérablement améliorer le niveau à l'oral des étudiants français. Une initiative en ce sens a été menée au Brésil où des écoles de langue ont noué un partenariat avec une maison de retraite de Chicago[7].

Toujours dans l'éducation, au lieu de se lamenter à chaque absence d'un professeur dans le collège de son enfant, pourquoi ne pas bâtir une plateforme numérique innovante, à la Uber, où les parents et les personnels éducatifs s'organiseraient pour proposer des alternatives à la célèbre mais peu utile permanence ? Des parents ou des volontaires du quartier pourraient pallier l'absence de l'enseignant et venir parler d'une passion, de son métier ou de tout autre sujet jugé utile. L'apport pour les élèves serait là encore considérable.

Des personnes hors de la machine administrative peuvent contribuer à produire le service public « éducation ». Les élèves eux-mêmes peuvent y participer. Dans l'enseignement supérieur, le Conseil national du numérique souligne l'absence regrettable d'apprentissage par le pair à pair et insiste sur le fort potentiel de la co-construction de savoir s'appuyant sur la force contributive des étudiants.

Les talents qui existent en chaque citoyen sont largement sous-estimés et pourraient beaucoup contribuer à l'élaboration des services publics. Le nombre de citoyens et leur répartition géographique sur tout le territoire est une force non négligeable. Certains l'ont bien compris : c'est ainsi que l'Institut national de l'information géographique et forestière (IGN), La Poste, des collectivités locales et OpenStreetMap ont contribué à la mise en place d'une base adresse nationale (BAN) référençant l'intégralité des adresses du territoire français. Le système est conçu de façon ouverte et collaborative de telle sorte que chacun peut modifier son adresse en cas d'erreur. C'est par exemple un outil précieux pour les sapeurs-pompiers qui leur assure d'arriver au bon endroit à temps, sans erreur d'adresse[8]. Même des acteurs privés comme Michelin qui édite certains plans en ayant recours à la BAN s'en saisissent. Pour parvenir au même résultat, il aurait fallu déployer sur le terrain de nombreux effectifs et réaliser une coûteuse campagne de recensement. Personne ne connaît mieux l'environnement proche du citoyen que le citoyen lui-même. L'appui sur la société civile, c'est aussi profiter de ce formidable réseau local.

Chaque organisme public doit ainsi s'interroger et proposer des solutions permettant de recréer le lien à la multitude. Ce pourrait être recueillir plus facilement des témoignages et en plus grand nombre pour la police. Ce pourrait, de façon plus souhaitable, designer des jeux intelligents pour solutionner de grandes énigmes comme l'avait fait une équipe de chercheurs de l'université de Washington qui proposait à la masse de joueurs en ligne de s'attaquer à des puzzles un peu spéciaux pour élucider les mystères des repliements d'infimes fractions de protéines. La force combinée et ainsi démultipliée de tous ces individus avait permis de résoudre la structure moléculaire d'une protéine du virus du sida, jusqu'alors réfractaire aux esprits savants des spécialistes, ouvrant ainsi la voie à des recherches thérapeutiques[9]. Toujours est-il que la valeur ajoutée par la multitude est désormais bien comprise et que la puissance publique aurait tout intérêt à faire levier sur cet extraordinaire potentiel en atomisant sa production de service public.

Si la production ubérisée peut consister en une atomisation au niveau de la multitude de citoyens, elle pourrait également prendre la forme de réutilisation d'« actifs sous-utilisés » de l'Administration ou de ses apparentés, prenant à nouveau à son compte une des caractéristiques des ubérisants. La crise économique de 2008 a poussé les particuliers comme les entreprises à tirer un profit maximum de tous leurs biens et de toutes leurs ressources. C'est dans ce contexte qu'une place de voiture inoccupée s'est vue monétisée sur BlaBlaCar et qu'une chambre d'amis trop souvent vide s'est vue proposée sur Airbnb. Les chaînes de télévision ont également considéré que le journaliste pouvait, en plus d'interviewer et de construire son reportage, prendre le son et filmer en même temps. Il s'agit bien à chaque fois d'extraire le maximum de valeur de nos possessions, à coût marginal nul. Et si au lieu de se plaindre en permanence du trop grand nombre d'agents publics ou d'employés d'entreprises publiques en prétextant que les temps ont changé, on élargissait leurs missions pour le bien de tous ?

La Poste a été confrontée depuis quelques années à l'essor inexorable des courriers électroniques, plongeant le courrier papier dans une obsolescence durable et sans doute définitive. Comment alors promettre du travail aux 250 000 postiers employés par le groupe, symboles de la proximité humaine ? L'équation semble insoluble, pourtant, les idées de tous montrent le chemin à suivre. Une factrice a ainsi eu l'idée de vendre des timbres à domicile lors des tournées des facteurs. Plus, les facteurs déployés sur tout le territoire national ont la possibilité, depuis octobre 2016, de veiller à la bonne santé des personnes âgées sur demande de leurs proches une à quatre fois par semaine et contre facturation. Le service, baptisé Veiller sur mes parents, avait été testé dans les Landes suite à un accord avec le département. Une expérimentation d'un autre type est également en cours dans l'Aveyron où les postiers récupèrent les piles usagées qui peinent à être recyclées par les ménages[10]. De même, les éboueurs pourraient signaler à leur mairie les lampadaires cassés (ils font souvent leur tournée la nuit) ou toute altération de la chaussée pour permettre une prise en charge plus rapide. Dans les deux cas, il s'agit de transformer ce qui pourrait apparaître comme un désavantage compétitif (une grosse masse salariale) en une force tentaculaire en jouant sur la proximité, la territorialité et le contact humain.

Dans un autre domaine, les professeurs pourraient tâcher de développer des MOOC de grande qualité avec pour objectif une diffusion qui soit la plus large possible, assurant partage du savoir et attractivité pour le système éducatif français.

Élisabeth Grosdhomme Lulin, directeur général de la société d'études et de conseil Paradigmes et caetera, explique qu'il y a trois alternatives pour résoudre un problème qui se pose. La plus simple est d'augmenter les moyens. La deuxième est de développer des solutions technologiques innovantes. La troisième est d'innover socialement, en s'appuyant sur la multitude[11]. Une distribution ubérisée, avec sa logique d'interface unique, répondrait à la deuxième solution, celle d'un apport incontestable du numérique pour simplifier les systèmes. Une production ubérisée, c'est-à-dire décentralisée et atomisée, répondrait à la troisième : c'est l'innovation sociale qui bouleverserait le modèle économique traditionnel de la puissance publique en faisant plus confiance à la multitude.

Voilà l'État ubérisé nous appelons de nos vœux.

Pour autant, sur la côte ouest des États-Unis, ce ne sont ni Uber ni Airbnb qui pour l'instant s'en sortent le mieux. Être un État ubérisé ferait sans doute amplement gagner en efficacité. Mais, pour l'emporter durablement, il faut aller plus loin.

Derrière Uber, les GAFA

De fait, Uber, Airbnb et les autres ubérisants n'existeraient pas sans les soubassements techniques et innovants mis en place par Google, Apple, Facebook ou Amazon. Certes les GAFA ubérisent les services publics en créant ou en rachetant des ubérisants marchant sur les platebandes de l'État, mais ils ont une autre force, bien supérieure. Malgré la diversité de leur modèle économique, ils ont un point commun : ils ont réussi à bâtir des technologies robustes devenues les infrastructures d'aujourd'hui.

Uber n'existerait pas sans la géolocalisation permise par Google Maps, sans l'Apple Store ou Google Play qui permettent de télécharger l'application, sans Waze qui optimise le trajet des chauffeurs (propriété de Google). Sur l'application, on peut désormais payer avec Apple Pay et s'authentifier avec Facebook Connect. Quant aux serveurs et données d'Uber, ils sont hébergés par Amazon Web Services. Derrière quasiment tous les ubérisants se nichent des ressources issues d'un ou plusieurs géants du numérique. Ils n'existeraient pas, ou en tout cas n'auraient pas connu une ascension aussi fulgurante, sans s'appuyer sur les révolutions technologiques qui les ont précédés[12] (soit dit en passant, Google Ventures finance aussi Uber à hauteur de 300 millions de dollars et Amazon a investi dans Airbnb).

En somme, Uber, Airbnb et autres BlaBlaCar ne sont que la partie émergée de l'iceberg. Ils sont les disrupteurs qui utilisent des infrastructures préexistantes : immergés, les GAFA sous-tendent l'ensemble, ils sont l'échafaudage sur lequel travaillent tous les autres. Leurs infrastructures primordiales sont devenues aussi indispensables qu'incontournables à d'autres plateformes qui s'y connectent pour créer de la valeur.

Une théorie des plateformes

Plusieurs travaux, notamment *L'Âge de la multitude* et les études *GAFAnomics* de FaberNovel[13], théorisent l'idée que les GAFA sont la face cachée de l'iceberg. L'adaptation de ces idées au thème de l'ubérisation et aux ubérisants, ces plateformes numériques de confiance sans infrastructures physiques ni opérateurs centrées sur le client, donne naissance à un nouveau vocabulaire. Les ubérisants sont des plateformes, les GAFA aussi. Seulement ces deux types de plateformes ont des caractéristiques très différentes.

Les GAFA ont des modèles économiques très différents (Amazon a des marges très faibles là où celles d'Apple sont connues pour être très confortables). En revanche, les GAFA sont tous des plateformes qui ont bâti des infrastructures sur lesquelles d'autres se connectent pour créer de la valeur : nous les appellerons des « méta-plateformes ». Le préfixe « méta » provient du grec et signifie au-delà de, profond. Il est souvent utilisé pour désigner un niveau d'abstraction supérieur. Une méta-documentation est de la documentation sur la documentation. Un méta-langage est un langage qui décrit d'autres langages. Les méta-données sont des données structurées, informant sur d'autres données. Nos méta-plateformes sont des plateformes de plateformes.

Ce sont des plateformes de plateformes « satellites » comme Uber et les autres ubérisants, qui gravitent autour d'elles et utilisent tantôt l'infrastructure de l'une, tantôt celle de l'autre. Ce sont ces méta-plateformes qui permettent aux ubérisants d'être agiles et légers. Les plateformes satellites peuvent se permettre d'être *infrastructure-less* : elles s'appuient sur celles qui ont été bâties par les GAFA.

Les méta-plateformes offrent ainsi aux plateformes satellites un ensemble de ressources organisées et documentées (algorithme, code, méthodes, outils de monétisation, d'authentification, de stockage, circuit de distribution...) qu'elles ont rendu adressable. Les développeurs peuvent par exemple y avoir accès *via* des *Application Programming Interface* (API), un ensemble de fonctions permettant d'accéder aux services d'une plateforme. L'API permet la communication entre deux systèmes d'information qui n'ont pas forcément été créés ensemble à l'origine. À partir de ces interfaces de programmation, les développeurs peuvent intégrer le service rendu par la méta-plateforme à leur nouveau produit sans avoir besoin de développer à nouveau tout le code correspondant. C'est une ouverture contrôlée, qui permet l'interconnexion entre les systèmes d'information de la méta-plateforme et de la plateforme satellite et lui donne ainsi accès à certaines ressources mais pas au code sous-jacent[14].

Le cercle des GAFA mérite à nouveau d'être étendu à celui des GAFAM pour exposer un exemple emblématique de méta-plateforme : le système d'exploitation Windows de Microsoft. Cette plateforme logicielle a très vite su se rendre indispensable et mettre au second plan le Macintosh, pourtant à l'origine du développement de l'informatique personnelle. Elle a permis la création d'une multitude d'entreprises d'édition logicielle, plateformes satellites s'appuyant sur le service conçu par Microsoft[15].

De même, Facebook ouvre certaines ressources au monde extérieur en fournissant aux développeurs de quoi intégrer des services Facebook à leur application (par exemple Facebook Connect) ou de quoi concevoir des applications (ou plateformes satellites) autour de Facebook. Le réseau social a par exemple lancé en octobre 2015 Instant Article, un service qui permet aux médias de publier sur Facebook du contenu à un format qui se charge dix fois plus vite qu'un contenu standard. Plusieurs éditeurs comme le *New York Times* ou le *Washington Post* se prêtent déjà au jeu : le service leur permet non seulement d'augmenter la lisibilité sur mobile (qui peut pâtir d'une connexion insuffisante) mais aussi d'aller à la rencontre du lectorat présent sur Facebook.

Enfin, la méta-plateforme d'Amazon et notamment son service cloud Amazon Web Services est peut-être l'un des exemples les plus aboutis. À la frontière entre le monde numérique et le monde physique, il permet à une horde de plateformes satellites de concevoir des services sans même se préoccuper du besoin d'infrastructures de stockage, désormais entièrement gérées par Amazon.

Rien de plus rapide et simple désormais que de devenir un ubérisant : il suffit de « poser » une idée sur les briques d'infrastructures proposées par les GAFA.

Mais n'oublierions-nous pas des acteurs si l'on s'arrêtait aux méta-plateformes ? N'existe-il pas des méta-méta-plateformes comme il existe des méta-méta-données (les agrégateurs de bases de données) ? Il existe une couche encore plus sous-jacente et sans laquelle rien ne serait possible : le réseau mondial d'internet. Tout comme les plateformes satellites s'appuient sur les infrastructures des méta-plateformes, les méta-plateformes n'auraient pas vu le jour sans l'infrastructure du World Wide Web. Chaque étage bénéficie de l'étage précédent, et internet est la vraie plateforme décentralisée qui englobe toutes les autres. Mais on peut toujours aller plus loin...

Internet n'aurait jamais vu le jour sans les réseaux télécoms, bien réels et physiques avec leurs câbles, leurs routeurs, leurs satellites, etc. Les opérateurs de réseau de communications électroniques, bien identifiés, se battent d'ailleurs avec les méta-plateformes pour capter la valeur. Ils sont notamment menacés par les services dits *over the top* (OTT), fournis aux utilisateurs finals sans cotiser auprès de l'opérateur pour l'utilisation du réseau. Non seulement ces services ne paient pas de redevances, mais ils sont même parfois concurrents des services de communications électroniques traditionnels comme la voix ou l'envoi de messages (c'est le cas de Skype et WhatsApp). Les enjeux de concurrence équitable, de place pour les acteurs nationaux, de neutralité de l'internet, etc. sont grands et doivent être tranchés au fur et à mesure que la chaîne de valeur se stabilise.

Focalisons pour l'instant le débat aux étages des plateformes satellites et des méta-plateformes. Pourquoi beaucoup veulent devenir méta-plateforme ?

Devenir méta-plateforme

Être plateforme satellite est confortable... mais dangereux. À l'ombre bienveillante de la méta-plateforme, les plateformes satellites jouissent de services annexes dont elles n'ont pas à se préoccuper et se concentrent sur le cœur de leur proposition de valeur. Seulement la méta-plateforme a tous les droits pour changer les termes du partenariat : l'introduction d'une nouvelle forme de monétisation ou la modification de l'algorithme de classement peuvent très vite coûter extrêmement cher aux plateformes satellites en termes de visibilité, de trafic utilisateurs, de marge, etc.

C'est la crainte des journaux à utiliser le service *Instant Article* évoqué précédemment. Même si dans la plupart des cas ceux-ci continuent de percevoir l'intégralité des revenus publicitaires, le risque d'une dépendance accrue envers le réseau social inquiète. Il ne s'agirait pas pour eux de se retrouver dans la même situation que celle des producteurs vis-à-vis des grandes surfaces de distribution alimentaire il y a quelques années. Les changements apportés à l'algorithme de Facebook qui détermine quels contenus sont les plus visibles dans le flux personnel des utilisateurs sont très fréquents. Or le tri des articles est crucial et détermine en grande partie leur lecture. Si demain le *Washington Post* tire une partie significative de ses revenus *via* Instant Article, un changement d'algorithme pourrait être très difficile à encaisser. Pour l'instant la plupart des participants ont d'ailleurs choisi de ne publier au nouveau format qu'une partie de leur production.

Uber lui-même commence à vouloir se libérer de sa dépendance envers les méta-plateformes, notamment Google. Les intentions similaires des deux groupes de se positionner comme leader du transport du futur rendent le partenariat de plus en plus compliqué. C'est très certainement dans cette optique qu'Uber a racheté le service de collecte de données cartographiques Bing de Microsoft. Microsoft est par ailleurs entré au capital d'Uber à l'été 2015 en participant à hauteur de 100 millions de dollars à sa levée de fonds. Car la dépendance d'Uber envers Google n'est pas seulement technologique (*via* Maps et Waze), elle est aussi capitalistique, Google ayant déjà investi 300 millions dans le leader du transport de passagers. On notera d'ailleurs qu'Uber tente de se débarrasser d'une méta-plateforme pour en retrouver une autre (Microsoft) ! Leur omniprésence est telle qu'il devient quasiment impossible de proposer un service de qualité de façon totalement indépendante.

Dropbox est lui-aussi dans cette dynamique et tente de se libérer du joug d'Amazon Web Services, cloud sur lequel il stockait toutes ses données. Aditya Agarwal, ex-Facebooker et vice-président chez Dropbox, explique : « *Il faut voir ces géants de la tech comme des pays – des voisins amicaux avec qui l'on a tout de même quelques accrochages de temps en temps*[16]. »

Il est par ailleurs beaucoup plus intéressant d'être une méta-plateforme.

D'une part, les méta-plateformes ont comme les planètes un côté magnétique : plus elles sont grosses plus elles attirent de plateformes satellites dans leur orbite. Elles en deviennent même souvent très difficilement évitables sur certains pans d'activité (l'authentification pour Facebook, la cartographie pour Google, le stockage pour Amazon, etc.). Toute nouvelle plateforme qui se crée n'a souvent pas d'autre choix que d'utiliser leurs services, devenus indispensables pour bâtir une proposition de qualité.

D'autre part, les méta-plateformes sont incroyablement efficaces, et pour cause : elles profitent doublement des apports des plateformes satellites.

Premièrement, le contenu de leurs offres gagne énormément en qualité grâce à toutes les entreprises qui les utilisent : le retour d'expérience des clients d'Amazon Web Services a permis d'améliorer considérablement le service qui sert en premier lieu à stocker l'immense pool de données d'Amazon lui-même (notamment de son site de e-commerce) ; plus frappant encore, la méta-plateforme Apple Store n'aurait jamais pu atteindre 2 millions d'applications à l'été 2016 si elle avait dû tout développer en interne. Si l'on considère que le développement moyen d'une application est de six mois, il aurait en effet fallu environ 1 million d'« années-hommes » et des dizaines de milliards de dollars pour que le store soit capable d'une telle offre[17] !

Dans un second temps, les plateformes satellites sont une source de revenus directs considérables. Reprenons la métaphore de la forêt relatée dans *L'Âge de la multitude* de Colin et Verdier[18]. Lorsque des moineaux arrivent dans une forêt, on ne sait pas sur quel arbre ils vont se poser. C'est très aléatoire et très incertain. Les arbres, ce sont les plateformes satellites et la méta-plateforme, c'est la forêt. L'Apple Store ouvre son code à des applications (ou plateformes satellites) et prend 30 % de commissions sur toutes leurs transactions financières : peu importe sur quel arbre les moineaux se posent, quelle application les clients choisissent, la méta-plateforme est gagnante à tous les coups. Elle n'est pas soumise à la loi des usages comme les plateformes satellites qui s'adoptent et se désadoptent très vite ; elle est stable, permanente et très rentable. Sans presque aucun investissement initial, la vente d'applications est pour Apple plus rémunératrice que celle des iPhone[19] ! La méta-plateforme permet le développement d'autres plateformes et sait en retour en tirer profit.

C'est pourquoi l'objectif partagé par tous les acteurs est de devenir méta-plateforme. Dans l'économie numérique il ne s'agit plus tant de s'intégrer verticalement, mais plutôt de se « méta-plateformiser », de devenir plus englobant.

C'est ce qu'a fait avec brio Amazon, en complétant sa plateforme satellite de e-commerce (légère en infrastructures, en tout cas comparée à son rival Walmart, premier employeur privé au monde) par ses fameux services web. Werner Vogels, directeur Technique d'Amazon, est parti du constat que le chargement d'une page du site de e-commerce nécessitait le lancement de 250 à 300 services qui créent la page (les recommandations, le classement des offres, le stockage des données, etc.). L'organisation d'Amazon est tellement décentralisée qu'en 2008, chaque service était déjà aux mains d'une petite équipe indépendante. Il leur est apparu évident que ces outils pouvaient intéresser d'autres entreprises et que les équipes, déjà autonomes, pourraient se charger d'en faire des services ouverts, partageables, et toujours plus innovants[20]. C'est ce qui a fait le succès de l'offre que l'on connaît maintenant sous le nom d'*Amazon Web Services*.

Le groupe Facebook a lui-aussi connu sa transformation. Elle a même été accompagnée par un changement de slogan à destination des développeurs. Alors que le mantra initial était « Bougez vite et cassez les codes » (*Move Fast and Break Things*), le message de Marc Zuckerberg est à présent « Bougez vite et construisez des infrastructures solides » (*Move Fast with Stable Infra*).

Uber n'échappe pas à la règle. Outre devenir la méta-plateforme leader du transport, le rêve de son PDG Travis Kalanick est qu'à l'instar de Google, « to Uber » devienne un verbe anglais qui signifierait à la fois « commander un taxi », « demander la livraison de son dîner », « réserver un service de nettoyage », etc.[21]. Que l'entreprise devienne indispensable pour un certain nombre d'activités clés tout comme ont su le faire les GAFA par le passé. Ironie du sort, pour l'instant le verbe « ubériser » n'a pas vraiment pris la même direction !

5

La nécessaire méta-plateformisation de l'État

L'État ubérisé n'est qu'une première étape. Ubériser la distribution et la production de services publics améliorera de façon considérable leur efficacité et effacera les points de contact douloureux entre les citoyens et leur administration. Mais il faut aller plus loin et, comme Uber essaye de le faire, devenir méta-plateforme. Méta-plateforme si nous osions.

Créer une méta-plateforme attirante

La puissance publique doit s'inspirer de la stratégie adoptée par les GAFA et faire graviter autour d'elle des milliers de plateformes satellites regorgeant d'idées nouvelles pour améliorer son action. Finalement dans l'État ubérisé que nous décrivions, le passage à une distribution en guichet unique et l'appui sur la multitude étaient conçus, pensés et décidés au sein des administrations les plus éclairées. Ce n'était faire que la moitié du chemin car c'était répondre à des problèmes précis en imposant une innovation décidée en interne. Apple est allé plus loin en comprenant que ses équipes ne pouvaient tout inventer, ni penser à tout. L'entreprise à la pomme a donc bâti son Apple Store, son infrastructure primordiale, dans le but de faire levier sur la créativité de tous et de profiter de l'émergence de plateformes satellites externes très innovantes. La puissance publique doit de la même façon sortir de la logique de portail pour aller vers celle de méta-plateforme : elle ne doit pas systématiquement proposer un service fini mais ouvrir ses outils et ses données pour que d'autres les subliment. Peu importe alors la plateforme satellite qui s'en saisira de la façon la plus efficace et s'imposera : elle sera passée par l'État, méta-plateforme incontournable qui aura validé le fait qu'elle agissait bien pour le compte de l'intérêt général. Cette transformation est gage à la fois d'efficacité et de légitimité démocratique.

Le penseur de la Silicon Valley, Tim O'Reilly, détaille ce passage nécessaire de portail à plateforme. Pour lui, le distributeur automatique (celui qui propose sodas et friandises sur les quais de gare ou de station de métro) doit laisser place au bazar, au souk. En effet, le distributeur automatique propose un choix fini de produits et tout est calculé à l'avance. Les choix sont limités et seuls quelques vendeurs établis ont l'opportunité de proposer leurs produits. Au contraire dans les souks des cités sud-méditerranéennes, c'est la communauté entière qui vend, échange, construit son marché[1]. L'État méta-plateforme doit faire de même et, au lieu de vouloir tout planifier, permettre à chacun d'apporter sa volonté créatrice pour contribuer à l'élaboration des services publics. Il doit se contenter de construire les étals, l'infrastructure essentielle au bazar, de faciliter les projets et de les orienter dans le sens de l'intérêt général. Il doit passer de superstructure à infrastructure ou, pour paraphraser Marcel Gauchet, ne plus commander par le haut mais organiser par le bas[2].

Voir chaque administration s'ubériser en proposant là où c'est possible une distribution en guichet unique et une production de service public atomisée comme nous l'avons décrit précédemment, c'est une première étape qui tente de répondre à un problème particulier, conjoncturel avec telle ou telle plateforme satellite publique. La seconde étape est celle de la méta-plateformisation qui, en modifiant en profondeur le squelette de l'État, apporte une réponse structurelle à sa crise, permet l'interconnexion avec la société civile et, par ce biais, la co-construction de services publics. Là où nos prédécesseurs ont construit des réseaux d'eau et d'électricité, il faut que nous construisions l'infrastructure d'aujourd'hui : un réseau d'outils qui permet de rendre les ressources que l'État possède adressables. C'est par exemple ce à quoi le SGMAP contribue en centralisant toutes les API du service public existantes pour en faire un catalogue à l'usage de tous[3]. Tout le monde peut s'en saisir et simplifier l'interface entre l'État et les citoyens ou tout simplement récupérer les données et laisser libre cours à leur inventivité[4]. À la manière du centre-ville de Tokyo que décrit Roland Barthes, l'État doit être un incontournable facilitateur : un point de passage obligé qui rend au tout sa fluidité. « *Le centre-ville lui-même n'est plus qu'une idée évaporée, subsistant là non pour irradier quelque pouvoir, mais pour donner à tout le mouvement urbain l'appui de son vide central*[5]. »

Entendons-nous bien. Il ne s'agit aucunement de faire de l'État un Google ou un Apple, encore moins de concurrencer ces derniers là où ils sont les meilleurs. L'État doit en revanche comprendre la stratégie gagnante de ces acteurs et la transposer à son action propre. Comme Apple qui est toujours gagnant quelle que soit l'application phare du moment, l'État doit laisser des plateformes satellites, d'où qu'elles viennent (du public ou du privé) exprimer leur agilité, leur talent d'innovation et de disruption. Elles arriveront à penser autrement, à voir ce qui ne peut être vu de l'intérieur quand déplacer un seul rouage fait craindre de tout voir s'écrouler. L'État doit, comme les GAFA, devenir méta-plateforme pour profiter des deux atouts de cette structure : être plus efficace en s'appuyant sur l'intelligence collective, être incontournable afin de s'assurer que les plateformes satellites l'ubérisent dans un cadre de valeurs qui garantissent l'intérêt général.

C'est l'ONG Bayes Impact qui a créé aux États-Unis le Uber des ambulances avec un algorithme optimisant les trajets des ambulanciers[6]. C'est la start-up parisienne Plume Labs qui cherche à informer en temps réel de la qualité de l'air grâce à des pigeons équipés de capteurs afin que chacun ait les moyens de diminuer son exposition à la pollution[7]. C'est le réseau de laboratoires ouverts La Paillasse qui veut ubériser la recherche en permettant à chacun d'enfiler sa blouse et de contribuer au savoir[8]. C'est la start-up Nouma qui pourrait devenir le Airbnb des appels d'offres publics en les recensant tous, en instaurant une veille, et en les triant selon les compétences réelles des entreprises : plus de perte de temps liée à des candidatures mal calibrées[9]. C'est Payfit qui pourrait devenir la plateforme unique de toutes les déclarations sociales et du paiement de l'ensemble des salariés en effectuant pour le compte des entreprises les déclarations et en garantissant ainsi aux différents organismes publics conformité, fiabilité et respect des délais. La plateforme française, collaborative, permet aussi à l'employé de poser ses congés et de consulter ses fiches de paie[10].

C'est encore Singa, cette start-up française qui entend résoudre le problème de l'accueil et de l'intégration des réfugiés. Le constat initial est simple : la barrière de la langue et l'inactivité due à l'attente de la régularisation de leur statut (jusqu'à deux ans) sont les freins principaux à l'intégration des réfugiés. Réciproquement, les personnes prêtes à s'engager bénévolement pour cette cause sont peu nombreuses car cela ajoute une activité chronophage à un planning quotidien souvent déjà très rempli. La solution ? Créer une « communauté Singa », composée de réfugiés et de « nationaux » (professionnels, étudiants, artistes, sportifs, etc.), au sein de laquelle les réfugiés pourront recréer un réseau social et professionnel dans une logique gagnant-gagnant. La communauté comprend déjà 15 000 membres et de nombreuses activités ont vu le jour : un Français désireux d'apprendre une nouvelle langue peut enseigner le français à un réfugié qui en retour lui apprend sa langue natale, un professionnel du marketing peut aider un réfugié à monter ses projets, un footballeur du dimanche peut proposer à un réfugié de l'accompagner à un match de foot... Participer à l'accueil et à l'intégration des réfugiés peut se faire de façon très simple en choisissant l'aspect sur lequel on veut s'engager. Singa facilite aussi l'entraide entre les réfugiés : ce sont les réfugiés eux-mêmes qui traduisent les documents administratifs pour les nouveaux arrivants ne parlant pas encore français, qui leur transmettent les trucs et astuces pour accélérer les procédures, etc. À terme, l'idée est que la communauté demande un minimum de ressources financières et s'auto-organise grâce à une plateforme numérique, les réfugiés étant souvent hyper-connectés.

Mais c'est aussi telle ou telle plateforme satellite créée par les GAFA qui viendrait améliorer l'existant tant que le partenariat se fait dans une logique où tout le monde y trouve son compte.

Dans *Government as a platform*, O'Reilly prend l'exemple de Google Maps. Bien d'autres systèmes de cartographie en ligne existaient et Google n'apportait de nouveau qu'une interface simple et esthétique. Mais un développeur pirate a réussi à extraire le code et à le combiner aux données d'un site de location d'appartements pour que les logements proposés apparaissent sur la carte Google. Au lieu de porter plainte, Google Maps embauchera ce développeur et ouvrira son code *via* une API publique pour permettre à chacun d'en faire autant. Aujourd'hui, 90 % des sites utilisant une cartographie le font à partir de l'API Google Maps qui a construit sa suprématie et s'est rendue indispensable en s'ouvrant à l'intelligence collective. Cet exemple illustre parfaitement les caractéristiques dont l'État méta-plateforme doit s'inspirer : construire des API, apprendre de ses *hackers* et être ouvert.

Pour recruter les plateformes satellites et attirer la multitude, il faut faire le choix de la simplicité, laisser à chacun l'opportunité d'ornementer ensuite le service. Il faut donc, et c'est extrêmement difficile de l'admettre, se contenter du plus épuré pour que cela marche. Le choix de la simplicité, c'est ce qu'a fait Twitter qui a bâti un système tout à fait basique dont le principe pouvait être « écrit en quelques lignes sur un bout de papier[11] ». Justement parce que Twitter est si primaire, des milliers d'applications sont venues se greffer pour démultiplier les possibilités et les opportunités. O'Reilly de poursuivre : « *en pensant simple, Twitter a offert à ses utilisateurs de nouvelles fonctionnalités imaginées par tout un écosystème de développeurs* ». « *C'est l'essence de la générativité* », d'un générateur de créativité[12]. Les outils développés par l'État méta-plateforme doivent être simples et évolutifs. Certains pays comme le Royaume-Uni ont même créé des chartes d'élaboration des services publics afin de guider les transformations de l'administration. Celle des Britanniques met en avant dix principes directeurs parmi lesquels : partir d'un besoin du citoyen, s'ouvrir et s'efforcer à tout prix de faire simple[13]. Ils ont été en cela suivis par les États-Unis qui ont sorti leur mode d'emploi de la digitalisation des services publics, le *Digital Services Playbook*[14].

En plus de faire simple, l'État doit montrer l'exemple. C'est aussi l'intérêt de la première étape d'ubérisation de l'État. Grâce aux start-up d'État et à l'ensemble de la sphère publique (mes-aides.gouv, les nouveautés promises par La Poste, etc.), l'Administration montre ce que l'on peut faire des données publiques et en quoi la simplicité peut être féconde afin d'encourager tout le monde à contribuer. Notons que le 28 octobre 2016 a été lancé le programme Entrepreneur d'intérêt général qui vise à embaucher pendant 10 mois 10 entrepreneurs au sein de la fonction publique afin de résoudre par la donnée des problèmes d'intérêt général : fluidification des parcours de soin (comme WeChat le fait en Chine) ou encore prévention des accidents de la route[15].

Outre la simplicité et l'exemplarité, le maître mot de l'État devenu méta-plateforme est l'ouverture, dans tous les sens que le mot peut suggérer : ouverture au sein du mastodonte, ouverture vers l'extérieur, ouverture à l'extérieur également. S'ouvrir et être ouvert.

S'ouvrir

L'ouverture sera garante de l'efficacité de l'État (comme elle a été garante de celle de Google Maps). Tout comme Google Maps a ouvert une partie de son code, l'État devra s'ouvrir. Mais son ouverture ira au-delà des outils et transformera en profondeur son rapport avec la multitude.

Extrayons d'une donnée publique le maximum de la valeur qu'elle peut produire. Pour cela, il faut qu'elle soit accessible facilement au plus grand nombre de personnes possible. Il faut que toutes les données soient ouvertes par défaut, que leur fermeture (et non plus leur ouverture) soit à justifier. C'est le cas aux États-Unis : en mai 2013, Obama a décrété que toutes les nouvelles données du gouvernement seraient ouvertes par défaut. Le changement de mentalités à effectuer est significatif. Si en théorie tout le monde trouve le concept séduisant, lorsqu'il s'agit de l'appliquer aux informations dont j'ai la propriété exclusive, il y a toujours une bonne raison pour justifier la fermeture. En effet certaines données sont plus sensibles que les autres. Sécurité informatique, dépendance économique, enjeux militaires, protection de la vie privée des entreprises (structure de coûts, propriété intellectuelle...) et des individus : les « secrets légaux » que l'on ne veut pas voir sur la place publique sont nombreux... Ces réticences sont évidemment justifiées dans certains cas, mais dans une proportion souvent bien inférieure à celle que l'on voudrait leur accorder. La protection de la vie privée tient une place toute singulière (elle a même une autorité administrative indépendante puissante, la CNIL, qui est garante du bon usage des données personnelles) : pour pouvoir réutiliser ces données et en tirer un impact maximal, leur anonymisation est clé[16]. Elle requiert une vraie expertise, notamment celle de pouvoir s'assurer que des données rendues anonymes ne puissent pas être ré-identifiées par un acteur économique ayant par ailleurs un autre jeu de données avec lequel il pourrait les recouper. Tout l'enjeu est ensuite de définir le bon processus qui permet d'attribuer à une donnée le degré d'ouverture pertinent.

La question ne devrait pas se poser : toutes les données publiques devraient être par défaut ouvertes. Si une administration insiste sur l'importance de sa fermeture, elle devra la justifier. Certains suggèrent même la création d'une autorité administrative indépendante en charge de s'assurer du bien-fondé de cette justification : c'est la fermeture et non plus l'ouverture des données qui demandera des efforts. Le rapport Jutand proposait quant à lui d'ouvrir par défaut seulement les données dites d'intérêt général c'est-à-dire «*produites dans le cadre de services au public dont l'ouverture est considérée d'intérêt général car elle rend possible la mise en place de nouveaux services à l'intention du public*[17] ». Le flou de cette définition la rendant difficilement mobilisable ne convainc pas certains. L'introduction dans la loi pour une République numérique par les sénateurs d'analyses de risques systématiques avant toute ouverture ne va pas dans le sens de l'ouverture par défaut. Ces comités risquent en effet d'ajouter une inertie considérable au processus d'ouverture et d'en casser la dynamique vertueuse.

En fonction de la sensibilité accordée à une donnée, il est possible de lui accorder différents degrés d'accessibilité. La logique du «tout ouvert» ou «tout fermé» est à dépasser. Si certains *pools* de données ne peuvent pas être ouverts à tous, il est tout de même souvent possible de les ouvrir sous certaines conditions à des entreprises en particulier ou à des chercheurs en établissant les garde-fous nécessaires. Si même cette ouverture limitée est problématique, il serait dans tous les cas dommage de se priver d'un partage inter-administrations. Rappelons que, pour le moment, l'État institutionnel est loin d'être un tout et que l'information circule encore mal entre les différents organismes publics. La fluidité de l'information entre les administrations est limitée : c'est un réseau de neurones sans synapses.

L'utilisation et l'analyse des données publiques ont un potentiel reconnu par tous pour résoudre des problèmes d'intérêt général – l'initiative gouvernementale d'embaucher des entrepreneurs dans l'Administration pour travailler sur ces données le rappelle. Les débouchés pourraient permettre de fluidifier les parcours de soin, d'optimiser les remboursements de médicaments ou de faire chuter la délinquance, comme nous l'évoquerons par la suite. Nous reviendrons également sur les ouvertures sous conditions en exposant les différents types des partenariats fructueux public-privé envisageables. Focalisons-nous pour l'instant sur la nécessaire ouverture des données entre les différentes administrations.

Le fondement juridique est ici très clair : les articles L113-12 et L113-13 du Code des relations entre le public et l'Administration visant à simplifier les démarches des citoyens stipule que lorsqu'un usager a transmis une information à une administration, une autre administration qui en a légitimement besoin ne doit pas la demander de nouveau au citoyen mais à l'administration ayant fait la démarche pour la première fois[18]. C'est ce que le programme *Dites-le-nous une fois* lancé par l'incubateur de start-up d'État du SGMAP essaie de mettre en pratique en instaurant un réseau d'API inter-administrations. Le groupe des « API entreprise » permet par exemple aux administrations d'échanger des informations relatives aux entreprises comme la liasse fiscale, la propriété intellectuelle et bientôt toutes les données détenues par l'Institut national de la statistique et des études économiques (INSEE). C'est la révolution que l'Estonie a entamée dans les années 2000 dans la continuité de son accès à l'indépendance (en 1991) en construisant un vaste réseau interministériel. S'il est compréhensible que les structures de tous les organismes publics ne soient pas absolument similaires, le citoyen et les entreprises ne doivent pas subir cette complexité et doivent pouvoir s'adresser à l'Administration comme si celle-ci était une entité homogène. Les API, par leur capacité à faire communiquer des systèmes qui n'ont pas été initialement conçus pour fonctionner ensemble, sont une solution.

L'ouverture totale à l'extérieur doit elle aussi passer par des API afin d'offrir à la multitude des données structurées facilement réutilisables : si les données sont le nouveau pétrole, on ne peut pas les offrir sous leur forme brute, il faut les raffiner ! C'est un des enjeux de la plateforme data.gouv lancée par la mission Etalab du SGMAP. Celle-ci recense toutes les données déjà ouvertes par l'Administration et incite les acteurs externes à s'en saisir pour enrichir les bases ou proposer des réutilisations créatrices de la valeur pour la société. Près de 1 500 réutilisations ont vu le jour, comme par exemple la construction d'une carte interactive recensant les initiatives pour la transition énergétique. L'idée sous-jacente est bien de prendre le meilleur du public et du privé, de mettre la mine d'or des données publiques à disposition d'entreprises agiles et disruptives.

Une des critiques souvent formulée est le manque à gagner en termes de redevances, la vente de ces données publiques faisant partie des ressources financières de certains organismes. Plusieurs études montrent pourtant que la gratuité entraîne une augmentation de la réutilisation des données qui induit des externalités positives compensant largement le manque à gagner des redevances. Le rapport Trojette sur l'ouverture des données publiques[19] explique notamment que l'IGN estime à 114 millions d'euros par an le bénéfice social issu du partage gratuit de son référentiel à des organismes publics (grâce à une multiplication par 20 des volumes de données téléchargées) contre un niveau de redevances qui s'élevait à 6 millions par an. Le rapport 2015 de l'Administrateur général des données rappelle en effet que les redevances sont des barrières à l'entrée pour les ré-utilisateurs les moins dotés (start-up, citoyens)[20]. Par ailleurs, il serait aujourd'hui impensable de ne pas avoir accès gratuitement aux données géographiques, météorologiques ou économiques et statistiques produites par la puissance publique. Habitués à leur partage gratuit, nous sommes désormais convaincus du bienfait direct ou indirect de leur ouverture.

L'ouverture pose une autre question, bien plus centrale : celle de la garantie de l'intérêt général. La sphère publique doit imposer l'intérêt général qui, au sens français est quelque chose de plus grand et de plus transcendant que la somme des intérêts particuliers (définition anglo-saxonne). L'ouverture et la logique de méta-plateforme permettent de recruter des plateformes satellites à l'intérieur comme à l'extérieur et d'exploiter leur formidable potentiel d'innovation et de création. Mais comment s'assurer qu'une entreprise privée qui vient se saisir de données publiques ouvertes contribue à l'intérêt général et ne cherche pas uniquement à augmenter ses marges et son rendement en rompant avec les principes du service public, les lois de Rolland, et en particulier l'universalité du service ? Qu'en serait-il si une start-up décidait que la solution innovante qu'elle apporte ne devait pas profiter à une partie de la population qui lui est moins rentable ? Après tout, ce n'est pas son problème, ni son mandat social. Faut-il ouvrir les données sans aucune restriction ? Ne se cantonner qu'à des ONG ? À des start-up se réclamant de l'économie sociale et solidaire ? À tous, étant entendu que les plus susceptibles d'utiliser intelligemment les données publiques (en les croisant avec d'autres données dont ils ont la propriété notamment) seront certainement les entreprises déjà bien installées, en particulier les GAFA ? Quid alors des entreprises privées qui rendent un service d'intérêt général mais en le monétisant ? « *Il faut bien qu'elles se financent* » diront certains, « *un service public n'est de toute façon jamais gratuit, ajouteront d'autres, nous le finançons avec nos impôts* ». Si l'Administration a pour elle une mission de service public par essence désintéressée, le secteur privé a de son côté une capacité d'exécution souvent nettement supérieure. Que faire alors ?

Agir au cas par cas. Laisser parfois le privé s'emparer d'un projet, veiller d'autres fois à ce que le public garde la main sur un sujet jugé sensible. L'État développe par exemple France Connect à la manière de Facebook Connect pour ne pas dépendre de Facebook dans un domaine aussi critique que l'authentification. Ce choix est sans doute nécessaire pour garantir au public que les informations confidentielles qu'il confie à l'État ne sont pas partagées à des fins commerciales. Notons toutefois qu'il est très culturel : les Britanniques, eux, peuvent d'ores et déjà payer leurs impôts en s'identifiant avec Facebook Connect.

L'État est-il encore apte, à l'ère du numérique, à définir et imposer l'intérêt général ?

Nous pensons que oui et que la traditionnelle dichotomie *for profit/non-profit* est dépassée. Avoir des objectifs économiques clairs n'est en rien contradictoire avec la portée sociale d'une activité. L'essor fulgurant ces dernières années de l'économie sociale et solidaire tend à le prouver : on dénombre aujourd'hui plus de 2 millions de salariés en équivalent temps plein[21].

La façon dont la puissance publique a, depuis quelques décennies, mandaté des entreprises privées sur certaines missions d'intérêt général par des marchés publics ou plus spécifiquement des délégations de service public a peu à voir avec la proposition d'État méta-plateforme. Quand l'État estime qu'il n'est pas le plus compétent pour exercer une activité de service public, il délègue la tâche à une entreprise qu'il juge plus efficace. Malheureusement, il le fait le plus souvent en publiant un cahier des charges de milliers de pages dans lequel il détaille de la façon la plus précise qui soit comment il faut répondre à l'appel d'offres. D'une part, seules les grandes entreprises installées et ayant pignon sur rue ont les moyens et les conseils pour éplucher toutes les lignes du cahier des charges et répondre correctement au marché public. D'autre part, et c'est là le plus important, le cahier des charges exhaustif borne la créativité et décapite l'innovation. Au contraire, il faudrait afficher une vision, un objectif, de façon assez large pour que les impétrants puissent exprimer tout leur talent dans ce cadre et répondre avec leurs armes aux défis proposés.

C'est ainsi que le gouvernement chinois donne des challenges à résoudre, à *cracker*, à des universités sans imposer ses solutions. Libres à elles de s'entourer d'entrepreneurs, de grands groupes, d'associations pour *cracker* le problème donné. Les meilleures start-up qui résultent de cet écosystème sont assurées d'être rachetées par les GAFA chinois, les « BAT » (Baidu, Alibaba, Tencent, très bordés par le parti communiste et auxquels on ajoute souvent Xiomi et Huawei), ou de voir directement le gouvernement se porter en garantie pour une sortie vers des fonds de capital-risque.

Ce mécanisme concret permet à l'Administration chinoise d'inciter les entreprises, ici les start-up et les BAT, à prendre en charge des défis collectifs. C'est pour l'État chinois une façon indirecte de s'adjoindre les services d'entreprises. Alors pourquoi ne pas imaginer voir l'État faire de la fusion-acquisition (*mergers and acquisitions* ou M&A, cette pratique qui consiste à racheter tout ou partie d'entreprises), par exemple par l'intermédiaire d'un fond ?

Inciter à contribuer à l'intérêt général tout en respectant et en profitant de la créativité de la multitude est possible. De nombreux dispositifs peuvent également être évoqués.

La puissance publique pourrait créer un label de coopération, gage d'un produit contribuant à rendre un service public plus efficace ou améliorant l'efficacité de l'Administration. Certains labels existent déjà, comme *La France s'engage* qui a déjà récompensé depuis 2014 plus de 60 associations, entrepreneurs ou fondations ayant développé des projets innovants au service de la société[22]. Il faut sans doute encore enrichir cette offre de labels. On pourrait par exemple imaginer un label pour des entreprises qui, comme la start-up Finamatic (dont nous détaillerons l'activité ci-après), pourraient développer des partenariats avec des structures publiques. Les entreprises sont à la recherche d'une telle visibilité et d'un apport important de crédibilité (travailler pour l'État est un gage de qualité) : c'est finalement une opération marketing hors norme.

L'État peut également subventionner directement ou indirectement, par exemple en offrant le service privé payant à ceux qui n'en ont pas les moyens. C'est ainsi que le président François Hollande, à des fins de formation, a voulu offrir à tous les chômeurs un abonnement premium sur la plateforme de cours en ligne (les fameux MOOC) française baptisée OpenClassRoom, reconnaissant par là même implicitement sa supériorité à sa contrepartie publique, France Université Numétique (FUN)[23]. OpenClassRoom est une véritable pépite puisque la start-up est devenue le premier site d'e-éducation en Europe avec près de 3 millions d'utilisateurs uniques par mois et plus de 1 000 cours en ligne[24].

Nous évoquions les API comme façon de rendre les données adressables. En plus des API inter-administrations qui fluidifient les échanges d'informations entre les structures publiques, des API peuvent être ouvertes vers l'extérieur. Si des données sont sensibles mais que l'on veut quand même les ouvrir pour que certains s'en saisissent, il est possible de créer des API contractuelles. Tout l'enjeu est là : plus que l'ouverture sans contrôle, c'est rendre adressables les données publiques qui est intéressant pour permettre à l'extérieur de venir agrémenter la sphère publique de ses joyaux. C'est ainsi que, dans le cadre d'une convention de partenariat, l'ONG Bayes Impact, portée par le médiatique Paul Duan, a conclu un accord avec Pôle emploi. L'établissement public lui donne accès *via* une API aux données des chômeurs pour lui permettre d'utiliser le *big data* afin d'aider à résoudre le chômage frictionnel si et seulement si son service ne fait pas payer les chômeurs. Si Bayes Impact se mettait à demander aux chômeurs de l'argent pour user de son service, Pôle emploi couperait le robinet à données. Après plus d'un an de travail en commun, l'initiative a donné lieu au lancement le 16 novembre 2016 de la plateforme en ligne Bob-emploi dont les résultats devront être suivis de près.

Enfin, la solution qui apparaît souvent comme la plus disruptive serait de créer des communs non captu-rables. Derrière ce terme barbare se cache une stratégie simple : empêcher des acteurs économiques de se saisir de ce qui a été créé par la multitude. Là où l'économie classique attribue aux biens communs les caractéristiques d'être « rivaux » et « non exclusifs », Verdier et Murciano expliquent que ces nouveaux communs numériques sont quant à eux « anti-rivaux » (à cause des effets de réseaux : plus le commun numérique connaît d'utilisateurs, plus celui-ci prend de la valeur) et seulement « conditionnellement non exclusifs » (ils restent non exclusifs s'ils ne se font pas ré-accaparer par des entreprises privées)[25]. Cette évolution sémantique est riche d'enseignement : les communs constituent, « *plus qu'une catégorie précise de biens, un mode de gouvernance et de production en commun, fondé sur l'agir collectif autour d'un projet*[26] ». Cela peut passer par des licences spéciales comme cela a été fait pour l'initiative de la Base Adresse Nationale, ce partenariat entre OpenStreeMap, La Poste et l'IGN. Ainsi, la licence ODbL (Open Database License) utilisée impose de restituer en *open source* les améliorations que l'on a faites à partir d'une base elle-même *open source*. Le Conseil national du numérique en est persuadé, « *les communs qui existent déjà méritent d'être protégés contre les tentatives de les enclore à nouveau, mais il s'agit également de favoriser leur développement global, à la fois sur internet et hors ligne, et d'en faire la matrice d'un changement général qui redéfinisse les modes de production, de distribution des richesses et de rapport à la valeur*[27] ».

C'est bien là, de fait, que nous emmène le sujet de l'ubérisation et de la méta-plateformisation de l'État : à prendre le meilleur des mondes privés et publics, à donner à chacun la possibilité de contribuer à l'intérêt général, à devenir un allié de l'Administration dans l'exécution des services publics.

Dans quelques cas, les start-up avec qui se fera le partenariat privilégié jouiront bien sûr d'un monopole sur tout ou partie d'un service public. Mais les règles de jeu sont maintenant différentes : si le monopole n'est pas « créatif », si l'heureux élu n'innove pas sans cesse pour rester au niveau, si un nouveau projet le dépasse, l'État s'empressera de travailler avec un nouvel acteur.

Être ouvert

Louable, la démarche de l'ouverture vers l'extérieur ne suffit pas. La réciproque à l'*open data* doit également être recherchée et s'accomplir. En somme, en plus de s'ouvrir, il faut être ouvert. Cela pourrait consister à s'appuyer sur les données du terrain d'où qu'elles viennent : de différentes statistiques publiques, des citoyens, des entreprises. Analyser ces mines d'information et orienter nos actions en fonction, de façon éclairée. Aujourd'hui, on croule sous la donnée : l'enjeu est à présent d'en extraire le maximum de valeur.

Comment faire diminuer le nombre de vols de voiture ? Dans l'Oise, un rapprochement entre les services de l'Administrateur général des données et du Service des technologies et des systèmes d'informations de la sécurité intérieure (STSISI) pourrait aboutir sur un modèle prédictif des vols de voiture. Les équipes se sont appuyées sur des données historiques rassemblant plus de 600 variables géographiques et socioéconomiques déjà produites par l'État lui-même (des données météorologiques, sur l'occurrence des vols dans les quartiers voisins, etc.). En combinant tous les paramètres et en les analysant finement, les patrouilles de police pourraient être allouées au bon endroit au bon moment. Il a été calculé que la moitié des vols pourraient ainsi être évités[28]. Les impacts de l'action par la donnée (*data-driven action* ou *data-driven decision*) pourraient être très importants et sont d'ailleurs soulignés par l'Administrateur général des données : « *optimiser les temps d'attente aux urgences ; mieux cibler les contrôles douaniers ; détecter les immeubles passoires énergétiques ; repérer les entreprises qui vont prochainement recruter et les signaler aux demandeurs d'emploi concernés ; affecter les remplaçants aux académies qui vont manquer d'enseignants ; optimiser les feux de circulation pour désengorger et dépolluer les centres-villes ; réviser la formule de calcul des prix des médicaments pour les optimiser ; négocier les achats d'électricité en anticipant et en contrôlant les pics de consommation ; mieux négocier les achats publics ; prédire les effets microéconomiques d'une réforme fiscale ; anticiper les besoins d'investissement médical grâce à l'analyse de la littérature scientifique… tous ces usages de l'analyse prédictive sont à portée de main de la puissance publique. Ils recèlent un immense potentiel d'efficacité, de maîtrise des dépenses et de justice de l'action publique*[29]. » Sur le sujet sensible que représente la fraude fiscale, l'Italie a déjà franchi le pas depuis qu'un nouveau service, le *redditometro*, compare les dépenses des Italiens avec leurs revenus et permet aux inspecteurs d'accorder une attention toute particulière aux fraudeurs dont les dépenses sont supérieures aux revenus déclarés[30].

Dans le but de toujours améliorer l'efficacité de l'action publique, pourquoi ne s'appuyer que sur des données dont la source est publique ? Pourquoi ne pas aller plus loin et utiliser les données produites par la multitude, les citoyens, ou même par les entreprises dont c'est le métier ? Être ouvert, c'est aussi et surtout être ouvert aux données venues de l'extérieur, c'est-à-dire accepter que la production de données essentielles ne soit plus la seule prérogative de l'État mais au contraire co-produire avec la multitude.

Quand vous suivez un traitement médical et que des effets secondaires apparaissent, avant même de lire la notice illisible et souvent perdue depuis longtemps, vous allez vous enquérir sur Google du lien possible ou présumé. Ainsi dans le cas hypothétique où vous prenez de l'aspirine et qu'une poussée d'exéma intense survient sur votre joue droite, vous allez taper dans votre moteur de recherche favori « aspirine exéma ». Imaginez maintenant que les milliards d'utilisateurs Google fassent de même (ce qu'ils font, vous n'êtes pas seul) : c'est autant de données qui pourraient être utiles à la recherche médicale pour identifier d'éventuels effets secondaires insoupçonnés. C'est dans ce but que l'Agence américaine des produits alimentaires et médicamenteux (Food and Drug Administration, FDA[31]) a noué un partenariat avec le géant californien qui lui fournit les requêtes anonymisées des utilisateurs[32]. De même, le Brésil et Singapour s'appuient sur Twitter et Google pour repérer les épidémies et le programme Global Pulse des Nations unies analyse les données de Twitter pour prendre le pouls des opinions publiques et a pu repérer l'explosion des prix des produits de première nécessité dans certains pays[33]. L'analyse de la géolocalisation des téléphones portables dans certaines métropoles africaines par Orange, pour repérer les flux majeurs de transport et les temps d'attente excessifs, a permis à une équipe d'IBM de proposer des solutions pour améliorer le réseau de transport[34]. En Chine, ce sont tous les taxis qui portent chacun différents capteurs permettant d'analyser le trafic urbain et peut-être d'ouvrir la voie aux véhicules autonomes en produisant des données de circulation. Pourquoi ne pas utiliser ces formidables outils, même s'ils viennent conjointement de la multitude et des entreprises, parfois même des GAFA ? Prenons le meilleur des deux mondes, Uber et l'argent d'Uber (!). Établissons des garde-fous garants de l'intérêt général nous permettant de tirer profit de la capacité d'innovation extérieure.

La ville de San Francisco n'a pas eu de scrupules. La sublime *City by the bay* regorge d'agréables restaurants qui accueillent midi et soir une population nombreuse, bruyante et enthousiaste. Enthousiastes, les clients le sont jusqu'à ce qu'ils découvrent des bouts de sachets plastiques dans leur salade ou qu'ils aperçoivent un cafard ou un rat empressé de fuir le bal étourdissant des serveurs. Or la propreté, pour nos amis américains encore davantage que sur le Vieux Continent, c'est primordial. Si, autrefois, la réputation de l'hygiène douteuse d'un restaurant se serait propagée lentement et de façon limitée par le bouche à oreille, aujourd'hui les clients mécontents se précipitent en sortant sur TripAdvisor ou Yelp pour attribuer une note à l'établissement. Le succès de ces plateformes est phénoménal : dans la dernière décennie, Yelp a recueilli plus de 77 millions d'avis de clients. Au lieu de déployer de façon totalement aléatoire les inspecteurs des services d'hygiène, il serait possible de les faire se concentrer sur les restaurants ayant obtenu de très mauvaises notes de propreté ou dont les mots « sales », « cafards », « malade », etc. reviennent dans les commentaires. Et ça marche ! Aux États-Unis, les établissements de restauration se voient attribuer des notes d'hygiène par les services municipaux dédiés. Des chercheurs ont montré que les données de sites comme Yelp concordaient à 82 %[35] avec les notes des services municipaux. Yelp pourrait ouvrir son API à la ville de San Francisco pour que cette dernière puisse récupérer les données facilement et cibler les contrôles. TripAdvisor pourrait faire de même pour repérer les foyers de punaises de lit et traiter. Inversement, grâce à la politique d'*open data* de la ville, les notes des services d'hygiène sont désormais affichées sur Yelp, incitant les restaurants à améliorer drastiquement leur propreté pour ne pas subir une publicité négative exposée au grand jour[36]. Un partenariat gagnant-gagnant.

Dans tous les domaines, le problème du ciblage des contrôles est criant et source d'inefficacité. En présentant cet exemple à un responsable de l'inspection du travail de la région Pays de la Loire, ce dernier a pensé à une solution très concrète. Les inspecteurs du travail perdent souvent du temps à chercher à localiser les chantiers alors que l'information est connue des mairies. Une géolocalisation des chantiers associée à un indicateur de dangerosité pourrait épargner beaucoup de temps aux inspecteurs et permettre un ciblage plus précis des contrôles pour une administration publique plus efficace.

Mais on peut aller encore plus loin : si l'action publique peut reposer sur les données générées d'ores et déjà par les différents acteurs économiques (sphère publique, citoyens, entreprises), elle peut aussi inciter les citoyens à produire des données utiles qui n'existent pas encore. Un trou dans la chaussée, un réverbère en panne, une poubelle renversée ou une voiture abandonnée ? Rendez-vous sur FixMyStreet pour le signaler, le géolocaliser et que votre mairie intervienne dans les plus brefs délais[37]. Le service est d'ores et déjà disponible en Grande-Bretagne. TellMyCity, une plateforme aux objectifs similaires, a quant à elle été adoptée dans près de 60 villes françaises.

Une des questions qui se pose est de savoir qui va collaborer. Faut-il inciter les citoyens à le faire ? Faut-il leur demander de faire le bien, nouveau devoir en retour des nouveaux « droits » que l'État méta-plateforme leur donne (transparence, services publics augmentés) ? Quand ils en ont la possibilité, moins de 10 % des gens participent en utilisant des applications permettant de signaler des dégradations de service public[38]. Comment leur redonner le goût de l'acte citoyen sans tomber dans une injonction à faire le bien, à uniformiser les comportements, à se comparer au voisin, à réprimander les comportements déviants, etc. ? Ne faut-il pas réaffirmer le droit à une société moins lisse et moralisatrice que la société américaine, le droit à la déviance et à l'originalité ? Peut-être ne faut-il pas instaurer de mesures *Play or Pay* (« joue le jeu ou paye ») mais plus simplement des réductions ou crédits d'impôts pour chaque démarche citoyenne comme c'est déjà le cas pour des dons à des associations. Peut-être n'est-il pas vain d'espérer que le rejet des formes actuelles de gouvernance donne lieu à un désir moins individualiste ; celui de collaborer à la construction de services publics s'emparera des citoyens, en particulier des jeunes générations, sans quête de contrepartie monétaire. Ce système a-t-il d'ailleurs besoin d'une masse critique significative pour fonctionner ? Après tout, Wikipédia a réussi à créer des articles qui ont atteint une qualité au moins égale à nombre d'encyclopédies traditionnelles grâce à un nombre infime de collaborateurs par rapport au nombre total d'utilisateurs[39].

Que la donnée produite par les citoyens et les entreprises soit déjà là et que la puissance publique n'ait qu'à faire l'effort de s'en saisir ou qu'elle demande une action nouvelle de co-production, le jeu en vaut la chandelle. On l'a vu, les *data driven actions* mènent à une meilleure allocation des ressources qui permet de gagner en rendement et en qualité. Mais elles peuvent aussi permettre l'auto-régulation de marchés sur lesquels le prix ou la qualité pourraient être problématiques s'ils étaient laissés à eux-mêmes. C'est le cas du marché des télécoms français et des actions de son régulateur, l'Autorité de régulation des communications électroniques et des postes

(Arcep), couramment appelée le gendarme des télécoms. En publiant en *open data* les données géographiques agrégées des réseaux en termes de qualité de service, l'Arcep compte faire en sorte que les clients y aient accès aussi facilement qu'aux différents tarifs des forfaits. Des services de comparateur de réseaux pourraient se saisir des données et nous indiquer quel opérateur nous offrira le meilleur réseau si nous habitons à Saint-Médard-en-Jalles, que nous travaillons à Ludon-Médoc et que nous avons une maison de famille à Bidart. Ainsi, par ce simple fait, les opérateurs seront fortement incités à couvrir au mieux le territoire en infrastructure télécom[40]. L'Arcep compte aussi inciter les citoyens à fournir de l'information. Problème de réseau sur votre ligne, qualité de service laissant à désirer ? Le régulateur développe une plateforme de signalement pour les clients des groupes télécoms. « *Cette remontée d'information, couplée à des outils de big data et d'agrégation statistique, permet en outre d'identifier au plus tôt de potentiels problèmes importants.* [...] *Il s'agit de passer d'une logique de "plainte consommateur" à un "acte citoyen"*[41] ». En permettant de réguler par la donnée, la stratégie d'*open data* devient la main invisible 2.0.

Cette politique par la donnée ne va pas sans poser certains problèmes qu'il est important de résoudre. Décider en se basant uniquement sur les remontées des données du terrain pourrait signifier un glissement de pouvoir du législateur à celui qui maîtrise ces données. En aucun cas il ne faudrait que ce soit la fin de la réflexion éthique et politique. Cela doit moins être un verdict qu'un élément supplémentaire dans la prise de décision. Des dérives sont possibles, il est primordial de les repérer et de les empêcher. Si la sécurité préventive se basant sur des prédictions de crimes peut être souhaitable, il serait intolérable de voir des pratiques discriminatoires se développer, les contrôles au faciès se généraliser au prétexte que telle ou telle population est statistiquement plus impliquée dans les actions illégales. Si l'apport des données peut être considérable pour améliorer l'efficacité des hôpitaux et rationaliser les flux de lits, on ne pourrait supporter de voir certains patients abandonnés sous prétexte que les statistiques leur donnent moins de chances de survie et que l'algorithme choisisse de les sacrifier[42]. Nos valeurs doivent fixer la limite éthique que nous jugeons infranchissable. Il est du rôle du politique de définir dans chaque cas les garde-fous de l'intérêt général. C'est au politique aussi de ne pas se laisser emporter par les signaux lancés par les données dont une interprétation trop restrictive empêcherait de voir le problème dans sa globalité. Si repérer et condamner les adeptes de la fraude fiscale est louable, Morozov nous rappelle que le *redditometro* est loin d'éradiquer le problème en totalité : les fraudeurs qui épargnent leur revenu non déclaré au lieu de le dépenser ne sont pas détectés, le problème de l'optimisation fiscale massive et à la frontière de l'illégalité n'est pas résolu[43]. Pour autant il serait dommage de se priver de ce moyen simple d'améliorer le contrôle fiscal.

Finamatic, satellite de la simplification administrative

Un exemple fouillé vaut mieux que de longs discours : la start-up Finamatic est justement un cas de plateforme satellite qui illustre particulièrement bien la collaboration public-privé chère à l'État méta-plateforme.

Quand les équipes de Google Maps ont embauché le *hacker*, elles n'ont pas considéré l'innovation pirate comme une concurrence ou une menace mais comme une opportunité à saisir. L'État doit s'en inspirer. Il faut accepter qu'un produit développé en parallèle de l'existant, en interne ou en externe, s'il est plus efficace, soit adopté. Il faut accepter de travailler avec toutes les organisations capables d'améliorer le service rendu, y compris celles du privé, tant que l'intérêt général est satisfait. En somme, il faut apprendre de ses pirates. Comment réagiront les organismes publics quand ils découvriront le produit de Finamatic ?

Finamatic est une start-up fondée en 2015 par quatre *serial entrepreneurs* (Axel Dreyfus, Cédric Nicolas, Benjamin Dresner et Josef Bovet) qui cumulent à leur actif de nombreux succès (deux introductions en Bourse, plusieurs cessions et investissements réussis). Leur projet est né d'un irritant : le financement est vital pour les start-up, TPE et PME, mais extrêmement chronophage et mal connu. Ce sentiment est validé par deux chiffres : 30 % des entreprises liquidées le sont à cause d'un problème de financement, 73 % des entreprises ne connaissent pas les aides publiques auxquelles elles sont éligibles. Comment leur en tenir rigueur ? Aujourd'hui il existe environ 1 500 aides nationales et locales. C'est un véritable calvaire pour s'y retrouver : les sites des organismes proposant des aides ne sont pas ou peu personnalisés à la situation de l'entreprise, on peine à savoir à quelles aides on a droit et dénicher le formulaire à remplir relève souvent de l'exploit. Le parallèle avec les aides à la personne est flagrant : à la manière de mes-aides.gouv développé par l'incubateur de start-up d'État, Finamatic se lance dans la clarification du maquis des aides aux entreprises.

Comment ?

En devenant la première plateforme collaborative d'accompagnement du financement (public, et c'est ce qui nous intéresse ici, mais également privé : bancaire, etc.). Son service se compose de trois étapes. La réponse à quelques questions très simples permet d'abord d'établir une *roadmap* financière indiquant les aides auxquelles on est éligible, le temps d'instruction du dossier, et la dépendance des aides entre elles (pas d'aide à l'innovation Bpifrance sans label FCPI [fonds commun de placement dans l'innovation] ou subvention de type *FrenchTech* préalable par exemple). Chaque aide est associée à une fiche produit simple, compréhensible sans avoir d'expérience poussée dans le domaine. Cette première étape est gratuite. Finamatic permet dans un second temps d'en finir avec la redondance administrative : une fois qu'une information a été renseignée (ou une pièce justificative ajoutée) pour un formulaire en particulier, il n'est plus question de la renseigner à nouveau dans une autre demande d'aide qui solliciterait la même information. Ainsi, remplir le dossier pour la bourse *FrenchTech* permet de remplir automatiquement 90 % du dossier pour le prêt d'amorçage (une étape de sémantisation permet d'identifier les champs communs même si le nom est différent, par exemple : adresse et lieu du siège social seront reconnus comme identiques). Ce service est dynamique : si la start-up ou la PME modifient leur *business model* (comme c'est régulièrement le cas), les formulaires qui le requièrent verront les chiffres s'actualiser aux endroits voulus en fonction du format demandé, très souvent spécifique à chaque organisme. Le client de Finamatic paye un abonnement à un prix modeste pour bénéficier du pré-remplissage de formulaires et pour être suivi tout au long de son existence et se voir proposer des aides qui pourraient lui être profitables. Enfin, Finamatic est une place de marché collaborative où l'on peut profiter de l'expérience des autres utilisateurs et engager à l'heure des experts du financement.

Finamatic est donc une plateforme satellite privée qui vient ubériser à la fois l'écosystème de cabinets de conseil (qui facturent à la journée et font leur fortune sur les complexités administratives) et la distribution des aides par les organismes publics en offrant à leur place un prototype de « guichet unique » qui fait cruellement défaut au citoyen entrepreneur (qu'il lance une start-up *tech*, un salon de coiffure ou un restaurant).

La similitude entre les logiques de Finamatic et le programme Dites-le-nous une fois du SGMAP ? est criante. Nous avons organisé une réunion entre les deux parties, non sans appréhension. Même si les cultures ne sont – contrairement à ce que l'on pourrait penser – pas si différentes l'une de l'autre, présenter Finamatic à une structure publique, c'était arriver en annonçant fièrement : « *voici les gens qui cherchent à vous ubériser* ». Les conseillers de la Banque publique d'investissement n'auront-ils pas peur de perdre leur valeur ajoutée face à un service capable de donner précisément à une entreprise la *roadmap* financière à tenir dans l'année à venir (et ce, en tenant aussi compte des aides de la région, de l'Agence de l'environnement et de la maîtrise de l'énergie [Ademe], etc.) ? Passées les premières minutes où tous deux cherchent à s'apprivoiser, les uns comme les autres ont su s'accorder. D'un côté, la mission Dites-le-nous une fois (qui essaie d'auto-ubériser les organismes distribuant les aides depuis plusieurs années) a trouvé des alliés qui avaient fait ce qu'elle rêvait que les organismes fassent. De l'autre, les équipes de Finamatic étaient surprises de trouver des gens si agiles et réceptifs dans l'administration, et étaient impressionnées par ce que la mission avait déjà réussi à faire.

Deux options sont sur la table : que des organismes portent plainte car Finamatic récupère les informations sur les aides en les *scrappant*[44], ou qu'ils « apprennent de leurs hackers » et essayent de travailler ensemble. L'existence d'un produit abouti qui fonctionne déjà est une chance, il serait dommage de ne pas s'en saisir et co-construire. Des rencontres ont été prévues avec certains organismes en bilatéral pour voir si un chemin commun est possible. Finamatic a également été invité par le SGMAP à parler de son service devant toutes les directions des systèmes d'information (DSI) des organismes. Piquer le mastodonte pour le réveiller, en quelque sorte.

Plus, le partenariat a commencé puisque le SGMAP a ouvert à Finamatic l'API Entreprise, habituellement réservée aux administrations, ce qui permet à ce dernier de récupérer directement certaines données sur les entreprises (comme son numéro Siren) sans que l'entreprise ait à les renseigner.

Dans un avenir plus ou moins proche, on pourrait imaginer voir les organismes créer des API qui permettraient à Finamatic d'avoir des informations sur les aides actualisées en temps réel. Un label pourrait beaucoup apporter à Finamatic qui aurait la chance d'afficher fièrement sur son site sa collaboration avec l'État et gagner en visibilité et en crédibilité. On pourrait aussi souhaiter que les conseillers de Bpifrance ou des autres établissements publics puissent venir directement conseiller les entrepreneurs sur la plateforme collaborative pour réaliser une pré-instruction des dossiers. Cela éviterait les quinze échanges de courrier pour refuser en fin de compte un dossier mal rempli. Le service Finamatic gagnerait encore plus en qualité et les agents publics, un temps précieux.

Réciproquement, Finamatic apporte des dossiers de qualités formatés et complets, épargnant du temps aux agents... À terme, on pourrait même imaginer Finamatic alimenter une base publique de données avec les informations renseignées sur son site par les entreprises clientes (description du projet, etc.) dans laquelle tous les organismes publics pourraient venir piocher. Les demandeurs auraient enfin accès à un guichet unique, les organismes n'auraient plus à ressaisir manuellement les données des dossiers papiers ou PDF et gagneraient énormément en efficacité et en fiabilité. Les agents verraient leurs tâches enrichies par plus d'accompagnement humain et informel, toujours indispensable. Enfin, Finamatic pourrait fournir de la statistique publique sur l'efficacité de telle ou telle aide (combien d'entreprises ont embauché suite à l'obtention du label « jeune entreprise innovante » [JEI], etc.) et contribuer à l'évaluation des politiques publiques. Finamatic se grefferait sur l'infrastructure des aides publiques existante et l'améliorerait considérablement, ici en la simplifiant. À suivre.

Pourquoi se mettre des œillères et n'accepter que ce qui vient de l'endroit établi sur décision hiérarchique ? Il faut être à l'écoute de l'extérieur, de ce qui se fait en parallèle et si c'est mieux, plus efficace, alors il faut accepter de travailler avec ceux qui l'ont porté, adopter ce produit, cette méthode ou cette innovation. Apprendre de ses *hackers*. Cette étape de réintégration d'une nouveauté à l'existant est cruciale et souvent très complexe puisque les personnels doivent à la fois faire tourner le système actuel et lui adjoindre le nouveau. Il faut que la greffe prenne, problème classique mais primordial. Cela peut aussi passer, comme l'a fait Google en embauchant son pirate, par la fluidification les échanges de ressources humaines entre le public et le privé, ce qui ne doit plus être exceptionnel mais fréquent et mutuellement bienveillant.

La méta-plateforme, ouverte, doit donc s'entourer de plateformes satellites créées en interne (start-up d'État, initiatives de La Poste, de l'Arcep, etc.) comme en externe (Finamatic, Bayes Impact, OpenClassRoom, Plume Labs, etc.) pour une administration plus efficace et garante absolue de l'intérêt général. Le caractère numérique de la méta-plateforme n'est pas anodin : nous devons faire preuve de la plus grande vigilance envers deux grands dangers potentiels. Celui de créer une « fracture numérique » au sein de la population française, d'une part, et celui de garantir la sécurité d'une telle infrastructure informatique, d'autre part.

Si demain la relation entre l'Administration et la société civile passe en grande partie par l'outil informatique, la première question primordiale à laquelle il convient de s'attaquer est celle de la fracture numérique. Même pour parler à un agent public sur une *market place* (par Skype par exemple), la question de la couverture numérique du territoire est absolument cruciale et fait encore l'objet de vifs débats. Il est aussi nécessaire de savoir se servir d'un ordinateur ou d'un smartphone et ce n'est pas le cas de tout le monde : que ce soit dû à l'âge avancé ou à un isolement de type social. En France, une personne sur cinq se considère déconnectée[45]. Là encore, les plateformes satellites publiques et privées pourront être des alliés précieux. Elles permettront, chacune à leur façon, de faire en sorte que cet État méta-plateforme bénéficie à tous les Français et pas seulement aux plus connectés. La Poste envisage de créer la fonction de « scribe numérique », notamment fiscal, pour aider les personnes démunies face aux nouvelles technologies à s'en sortir dans le monde 2.0, pour payer leurs impôts en ligne par exemple (obligatoire à partir de 2019). Côté plateformes privées, Google a apporté capital et expertise pour permettre à Emmaüs de monter la start-up sociale WeTechCare qui vise à inclure dans la transition numérique les 5 millions de Français cumulant situation de précarité et difficultés face au numérique[46]. L'État méta-plateforme ne doit pas accroître les inégalités entre les territoires et les populations laissant de côté les personnes les plus fragiles, bien au contraire. Il s'adressera à l'ensemble des citoyens pour faire de l'action publique un modèle d'ouverture et d'apports réciproques.

La seconde menace qui plane sur l'État méta-plateforme est celle de la cyber-sécurité. Que penser de la cyber-attaque qui en 2007 a paralysé pendant trois semaines l'Estonie dont le réseau inter-administration est particulièrement avancé ? Le pays a subi une vague d'attaques par déni de service bloquant les sites gouvernementaux (mais aussi ceux des médias, des banques et des opérateurs téléphoniques), saturés par la multitude de demandes simultanées[47]. Le numéro des urgences est même resté indisponible pendant plus d'une heure. D'après les autorités estoniennes, les attaques venaient tout droit des ordinateurs du Kremlin : le gouvernement russe (qui dément toute implication) n'aurait pas supporté que soit déplacé d'un jardin public de Tallin un mémorial de guerre datant de la période soviétique[48]... Si demain les transports collectifs ne sont plus que voitures autonomes et que leur logiciel est piraté, il n'est pas difficile d'imaginer les dégâts considérables que cela pourrait causer. La sécurisation des interfaces de l'État méta-plateforme avec le monde extérieur est d'une nécessité impérieuse. L'État est d'ailleurs loin d'être le seul concerné par ces problématiques. Les patrons de Google, Eric Schmidt et Jared Cohen, écrivaient déjà dans *The New Digital Age*[49] que la cyber-sécurité serait un enjeu majeur du XXIe siècle. Un des objectifs principal de Jigsaw (le think tank de Google) est d'ailleurs de « protéger des menaces associées aux cyber-attaques[50] ». Le constat, partagé, est sans appel : si pirater un système d'information ne peut prendre que 100 lignes de code, limiter au maximum les possibilités d'attaque en demande bien plus. Il faut plus de ressources pour défendre que pour attaquer. Comme dans bien d'autres domaines, le risque zéro n'existe pas. Sauf...

Sauf si le système se base sur la blockchain, diront les audacieux ! Rappelons que, jusqu'à ce que quelqu'un réussisse à prouver le contraire, on peut affirmer que le système rendu célèbre par la crypto-monnaie Bitcoin permet une sécurisation absolue des échanges d'information entre pairs. En effet, dans le protocole blockchain, tous les utilisateurs détiennent une copie infalsifiable des transactions de sorte que l'ensemble du réseau soit garant de leur intégrité par le biais d'un système de validation cryptographique complexe[51]. Des applications concrètes existent déjà : l'Estonie a réalisé un partenariat avec Bitnation[52] pour permettre de réaliser des actes notariés sur la blockchain[53] (contrats de mariage, certificats de naissance...) tandis que le Honduras est en passe de l'utiliser pour créer un registre de cadastres numériques[54]. La technologie est même en cours d'exploration dans les arcanes de l'Union européenne qui a lancé un appel à projet de 5 millions d'euros pour la création d'une infrastructure décentralisée permettant la participation et la gestion de l'identité (le montant est faible mais le concept est là)[55]. Outre les possibilités de sécurisation, la raison qui déchaîne les passions est bien la suivante : la blockchain produit de la confiance sans intermédiaire, de façon décentralisée grâce aux « mineurs » dont le rôle est d'alimenter le réseau en puissance de calcul.

Il n'en fallait pas plus pour ouvrir le monde de la « blockchainisation de l'État » : désintermédier l'État dans la fonction qui le caractérise peut-être le plus, celle du tiers de confiance par excellence. Les possibilités sont aussi enivrantes qu'incertaines. Les limites techniques (lenteur des transactions, consommation énergétique, etc.) et sociologiques (sommes-nous prêts à faire confiance à quelque chose qui n'est pas une autorité centralisée comme nous en avons l'habitude ?) sont souvent pointées du doigt. Le cœur même du principe de la blockchain est remis en cause : un système dont la majorité des mineurs sont situés en Chine et aux mains d'une poignée d'opérateurs est-il vraiment décentralisé[56] ? L'avenir nous dira si ces barrières sont ou non infranchissables. Il n'en reste pas moins que les évolutions du domaine méritent d'être suivies et que l'État méta-plateforme pourrait tirer parti des possibilités de sécurisation qu'offre la blockchain en tant qu'outil.

6

L'annonce d'une révolution

Les bouleversements organisationnels et l'ubérisation des services publics que nous essayons de décrire ne peuvent réussir en étant imposés : ils ne sont pas autosuffisants. Lorsqu'une interface informatique évolue dans une entreprise, les insatisfactions se font souvent légion car la conduite du changement a été négligée. De même, la transition de l'État pyramidal que nous connaissons aujourd'hui en une méta-plateforme agile ne se fera pas si elle n'est pas accompagnée d'un changement de culture drastique au sein de l'Administration.

Gestion du changement : le choc des cultures

Du constat sévère que nous dressions plus tôt (une Administration tournée vers elle-même, se complaisant dans sa propre complexité au lieu d'être au service du public), nous ne voulons blâmer personne tant le changement est difficile à porter. Rappelons que les services publics français sont enviés dans bien des pays du monde. Notre système de santé, même déficitaire, est des plus performants et attrayants au monde. Nos infrastructures font pâlir d'envie les États-Unis où il faut déployer des trésors d'imagination pour croire que les routes, les transports en communs et les trains sont ceux de la première puissance économique mondiale. Plus : les classements internationaux montrent que la France est dans le peloton de tête en ce qui concerne l'*e-administration*. L'Organisation des Nations unies (ONU) plaçait même en 2014 la France sur la première place européenne et la quatrième mondiale[1] (mais de quoi parle-t-on ici ? D'informatique et de dématérialisation ou de numérique ?). La marche de l'État telle qu'elle a été depuis les années 1970 a sans doute trouvé sa justification, sa légitimité, dans un contexte et une époque qui ne sont plus.

Il ne faut pas non plus fermer les yeux et penser que tout peut continuer ainsi pour toujours, que – pour paraphraser Voltaire – tout va pour le mieux dans le meilleur des mondes possibles. Si l'on fait cette erreur candide, si l'on pense que « *les choses ne peuvent être autrement : car, tout étant fait pour une fin, tout est nécessairement pour la meilleure fin*[2] », risquent de s'abattre sur nos têtes innocentes l'ubérisation selon des valeurs que nous refusons. Dans le conte philosophique, Pangloss, l'enseignant de métaphysico-théologo-cosmolonigologie, fait la remarque sensée que « *les nez ont été faits pour porter des lunettes, aussi avons-nous des lunettes*[3] ». Darwin révolutionnera la biologie moderne en réfutant toute intention prédéterminée dans l'explication du monde. Au risque de décevoir Pangloss, les nez ne sont pas apparus pour être le support pratique de lunettes. La théorie de l'évolution basée sur la sélection naturelle que Darwin forge dans *De l'origine des espèces*, tend au contraire à montrer que des mutations aléatoires, dues au seul hasard, sont sélectionnées par l'évolution parce qu'elles confèrent un avantage de survie et de reproduction.

Finalement, la transformation de l'action publique que l'on appelle de nos vœux est une transition culturelle aussi importante et considérable que l'acceptation de la théorie de Darwin qui prit des décennies. Là est bien le mot clé : la culture. Passer d'un État architecte providentiel (qui fait les choses parce qu'elles doivent être ainsi) à une puissance publique qui accepte de s'appuyer sur l'extérieur, sur le privé, qui accepte de ne pas savoir, de ne pas imposer *a priori* son intention mais au contraire de laisser émerger les champions les plus innovants dans le cadre de l'intérêt général pour ensuite sélectionner les meilleurs, c'est un bouleversement culturel énorme. L'Administration publique doit faire sa mue darwinienne.

Rien n'est moins simple pourtant que de changer une culture d'entreprise, qui plus est quand elle est grosse. Et l'Administration publique représente près de 5,6 millions d'emplois. C'est plus de deux fois le nombre d'employés McDonald's ou Walmart dans le monde. C'est plus de vingt-cinq fois l'effectif du mastodonte BNP Paribas. Les enjeux de gestion du changement sont considérables. Avec l'ubérisation et la méta-plateformisation de l'État, les fonctionnaires verront leurs tâches s'enrichir, comme cela pourrait être le cas du conseiller en financement de Bpifrance dans l'exemple de Finamatic. S'il vient directement sur la plateforme pour accompagner les entrepreneurs dans la construction de leurs dossiers de financement, le conseiller a un travail bien plus intéressant que celui de renvoyer dix fois le dossier pour réclamer les pièces manquantes puis de retranscrire le formulaire sur son système d'information. Bien plus utile surtout, en redonnant à l'humain et à l'informel toute la place qu'ils méritent aussi. Le travail quotidien des fonctionnaires changera, la fonction publique accueillera davantage de personnes de l'extérieur, notamment des *data scientists* et des disrupteurs qui aideront à la transition. Alors certes, certains postes ne seront plus utiles. La fameuse destruction créatrice schumpetérienne sera-t-elle assez rapide ? Créerons-nous assez d'emplois, au sein de l'État ou en dehors, pour que ces destructions de postes soient absorbées ? À chaque nouvelle innovation, la question est récurrente. Keynes, déjà en 1930, prédisait que dans cent ans le travail serait une denrée rare à partager entre tous, que la productivité serait telle que les ressources abonderaient. Et que le défi majeur de l'homme serait de s'y adapter : «*ce seront les peuples capables de préserver l'art de vivre et de le cultiver de manière plus intense, capables aussi de ne pas se vendre pour assurer leur subsistance, qui seront en mesure de jouir de l'abondance le jour où elle sera là*[4] ». Aujourd'hui une des solutions évoquées est celle du revenu de base ou «revenu universel». Difficile d'apporter des réponses définitives : là aussi, le modèle cherche des alternatives et est en profonde mutation. Revenons sur celle qui nous intéresse : faire changer la culture de l'État avec le moins de frictions possibles est une tâche herculéenne.

Le numérique représente une chance formidable de remise à niveau. Il a malheureusement trop souvent été considéré comme une rustine. Pour Colin et Verdier dans *L'Âge de la multitude*, l'État *« a cherché à appliquer des tendances nouvelles à des structures considérées comme immuables*[5] ». L'erreur faite à partir des années 1970 se produit à nouveau : comme la masse de ressources étatiques s'était alourdie sans penser autrement l'organisation générale, le numérique est plaqué ici et là sans saisir l'opportunité structurelle qu'il représente. Certains ministères ont vu le numérique comme une simple commodité. Et le Conseil national du numérique d'abonder en ce sens : « *Partout dans les administrations, le numérique a été traité à partir de l'informatique, service par service, l'ensemble composant le système d'information, et problème par problème : l'insatisfaction des usagers, l'inefficience de l'information descendante, la concurrence imprévue de services Web grand public... Des outils s'ajoutent aux outils, des interfaces conçues localement améliorent la fluidité, mais compliquent la maintenance et les mises à jour*[6]. » Les gains d'efficacité à la marge, la numérisation de formulaires Cerfa : voilà tout sauf le numérique.

Le piège serait de penser le numérique comme un outil et non comme une culture qui modifie entièrement la façon dont une structure fonctionne. Justement, l'esprit du numérique et de l'ubérisation en particulier n'est pas attaché à une quelconque matérialité technique, à du dur. La logique de l'ubérisation s'est déjà exprimée en dehors de tout contexte informatique, par exemple lorsque le gouvernement a mis en place le système de collecte décentralisée de la taxe sur la valeur ajoutée (TVA). Cet impôt, dont on parle souvent dans les médias mais auquel on ne pense pas quand on le paye (contrairement à l'impôt sur le revenu), fait vivre l'État français puisqu'il représente un peu plus de la moitié des recettes fiscales du projet de loi de finance chaque année (50,3 % pour 2016)[7]. Pourtant, le coût de collecte est très bas, le rendement très important. Colin et Verdier développent cet exemple[8] et rappellent que ce sont les acteurs économiques eux-mêmes, les entreprises, qui sont les organismes collecteurs. En donnant la responsabilité de la collecte de la TVA aux firmes de façon décentralisée, en faisant confiance et en ne contrôlant qu'*a posteriori*, l'État gagne en efficacité organisationnelle et financière. C'est comme si chaque entreprise était transformée en filiale du fisc.

Si la culture numérique dépasse largement les outils technologiques (puisqu'elle peut s'en passer), elle n'est pas non plus générationnelle. Il faudrait se rendre dans l'entreprise FAVI

(Fonderie et ateliers du Vimeu) que Jean-François Zobrist, son directeur jusqu'en 2008, a contribué à « libérer » trente ans durant pour s'en convaincre. Son discours entre en résonance avec la culture numérique que nous tâchions de décrire. Nous lui empruntons quelques phrases pour les développer.

« *Il ne faut pas être dévoué au patron mais au client* ». C'est la logique *customer-centric* qui figure parmi nos piliers de l'ubérisation. Transposé à la puissance publique, cela pourrait signifier qu'il ne faut pas être dévoué au ministre mais au citoyen, que les services publics doivent à nouveau être au service du public et non centrés sur le confort de l'administration. Le numérique a été vu comme une formidable possibilité de dématérialiser à tout-va, de mettre en ligne des formulaires administratifs, etc. C'est bien, mais c'est largement insuffisant. Le citoyen attend bien plus que cela. Certes la déclaration des revenus pour le calcul des impôts peut désormais se faire sur internet, mais la complexité est toujours exceptionnelle dès que le ménage sort de la situation classique. La structure des services publics (et pas seulement son interface) doit être pensée et imaginée en fonction du futur usage qu'en fera le citoyen.

« *Le diable est dans les cloisons* » plus que dans les détails. Les cloisons, c'est ce qui sépare, qui empêche l'échange. L'État est constitué d'une myriade d'organismes publics et chacun fonctionne en silo, quand il n'y a pas plusieurs silos au sein d'une même administration... L'optimisation par une administration de sa seule organisation sans coordination avec les autres ne suffit pas à rendre un meilleur service au citoyen. C'est un vrai défi pour toutes les start-up qui grossissent que de maintenir leur esprit : elles éprouvent quelques difficultés quand le nombre d'employés dépasse les 200. On l'a dit, la fonction publique, c'est plus de 5,6 millions de personnes. Les querelles de chapelle sont légion, chacun veut être maître chez soi et peu sont ceux qui acceptent de perdre des compétences au profit d'un autre bureau. Pire, les administrations ne se parlent que peu entre elles et s'affrontent dans des réunions interministérielles. Pourtant aujourd'hui les questions sont transverses et complexes. Peu sont les problèmes de société qui ne touchent qu'un domaine. Le chômage concerne autant le ministère du Travail que celui de l'Économie ou de l'Éducation. Pourquoi dès lors ne pas travailler en mode projet dès le début, en commençant par associer les énergies tout de suite plutôt qu'en les faisant s'affronter ? En amplifiant les interactions entre les acteurs, le numérique permet justement de décloisonner et de casser les silos.

Laurent Ledoux, lorsqu'il était secrétaire général du ministère des Transports belge, a justement tenté d'abattre les cloisons[9]. Les bureaux ne sont plus assignés à personne, lui-même n'en avait plus : les postes fixes, les salles de réunion ou les salles de silence sont à tout le monde. Beaucoup d'agents étant en déplacement chaque jour, la disponibilité est toujours grande. L'usage prime sur la possession : c'est amener l'économie de la fonctionnalité au sein du ministère. L'environnement de travail est quant à lui passé sur du *cloud computing*. Tout est flexible, on parle de *flexdesk*. Le nombre de postes est passé 1 100 à 750. Outre le changement physique notable et le gain financier conséquent (4,1 millions d'économies annuelles pour un investissement de 5,7 millions), c'est la façon de travailler qui a drastiquement changé. Casser les silos a permis de casser les barrières artificielles : les gens se parlent, échangent, travaillent ensemble. Il y a moins d'absentéisme, les indicateurs de satisfaction des utilisateurs des services du ministère se sont améliorés. De même, l'incubateur Creative Valley cherche toutes les cloisons qu'il y a à abattre. Par exemple dans le champ de la santé publique et de la recherche, il fait travailler ensemble en mode projet (dépassant le simple échange) des chercheurs de l'Institut Pasteur, des parents, des élèves informaticiens de l'École 42 (l'école fondée par Xavier Niel et qui fait de quiconque un informaticien en trois ans) et des médecins pour apporter des réponses aux défis de l'autisme.

« *La confiance rapporte plus que le contrôle.* » Marcel Gauchet va jusqu'à dire que l'État est devenu pachyderme et, de fait, il est aujourd'hui gros d'un ventre mou que constitue le management intermédiaire. L'État français, comme les grandes entreprises, a développé sans commune mesure la culture du contrôle permanent. Les écoles de commerce et d'ingénieur sont tournées vers un unique but : faire des managers. Finalement, tout le monde contrôle et peu font. Il est dur de déléguer, dur de faire confiance. Comme l'explique Jean Bassères, directeur général de Pôle emploi, « *il est souvent plus simple de se conformer à des prescriptions et à des processus que de s'interroger sur les moyens de mieux réussir*[10] ». La puissance publique devrait voir ces 5,6 millions de fonctionnaires comme autant de volontés créatrices. C'est la démarche de l'incubateur de start-up d'État qui essaye de faire levier sur des idées d'intrapreneurs et de contourner la hiérarchie verticale qui trop souvent écrase l'innovation. Le numérique apparaît comme une formidable façon de redonner de la capacité à toutes les volontés. Inversement, c'est par l'appropriation par les fonctionnaires du numérique que la transformation de l'Administration se fera[11].

Google, lui, a une organisation très horizontale. C'est véritablement une entreprise d'ingénieurs et moins de 15 % des effectifs ont une fonction managériale. Jeff Bezos, le PDG d'Amazon, a quant à lui instauré la « règle des deux pizzas » qui interdit la tenue de réunions interminables et contre-productives dans lesquelles deux pizzas ne suffiraient pas à nourrir toute la salle. Ce sont les sachants qui doivent être présents aux réunions. Et souvent, c'est la base des employés qui constitue la communauté des sachants.

« *Il ne faut jamais améliorer l'existant mais imaginer autre chose en pensant à côté.* » C'est le fameux *think out of the box* si bien utilisé par SpaceX et Elon Musk pour arriver à produire des lanceurs de fusée beaucoup moins chers que ceux d'Ariane 5 en partant d'une page blanche. Cela n'est pas si évident : soit parce que ceux à qui l'on demande de disrupter l'existant sont des luddites (du nom de ces groupes d'ouvriers anglais du XIXe siècle qui détruisirent les machines accusées d'augmenter le chômage) qui vivent de l'inefficacité du système et qui devraient faire preuve d'une véritable schizophrénie pour imaginer un nouveau système dans lequel ils n'auraient pas d'emploi demain ; soit parce que ces personnes ont tout à perdre et rien à gagner à innover, les indicateurs sur lesquels ils sont jugés se basant uniquement sur l'efficacité opérationnelle de l'existant. Au lieu de blâmer les gens, il faut réparer les systèmes. La difficulté de faire émerger des solutions réellement innovantes dans la fonction publique est réelle, et pour cause : innover dans la structure est laborieux. Les grands groupes privés peinent eux aussi. Sony n'a pas su créer l'iPod, Nokia n'a pas cru bon de se lancer dans le smartphone et Kodak est mort. À quoi bon les longues séances de brainstorming pour trouver la nouveauté de l'année si la capacité d'innovation est totalement bridée dès le départ ? Il ne s'agit pas de penser pour changer mais bien de changer pour penser.

« *Seuls les réactifs qui raisonnent dans des présents successifs survivront.* » Ceux qui résisteront seront ceux qui sauront se mouvoir dans l'incertitude. Au lieu de rester paralysé devant la complexité des situations, il faut se lancer, expérimenter, puis pivoter en fonction des réactions que l'environnement nous présente. Il est très dur de mettre fin à des projets pour en privilégier d'autres (logique du *fail-fast*), il est contre-intuitif de ne pas tout vouloir planifier en amont. Pourtant les entrepreneurs eux agissent comme s'il était évident que tout se passera plus vite que prévu. Règles de conception, choix organisationnels, management : aucune place n'est laissée aux certitudes et au conformisme. Le seul enjeu est d'apprendre rapidement et de se mouvoir dans l'incertitude[12].

On l'a compris au travers des caractéristiques qu'il impose, le numérique est moins savoir-faire que savoir-être, il est moins mathématiques que biologie : tout mute, tout crée, le numérique façonne les écosystèmes. C'est Darwin et l'innovation imprévue, permanente et universelle. Le numérique représente une formidable chance pour mener à bien la transition la plus ardue qui est demandée à nos organisations sociales depuis bien longtemps : l'aspiration à une implication plus grande de chacun, la contestation de la légitimité des décisions hiérarchiques et unilatérales, l'ouverture à toutes les volontés, la confiance accordée à tous.

La transformation à effectuer est colossale et ne se fera pas du jour au lendemain. À l'œuvre dans des start-up ou des petites organisations comme la PME FAVI, la culture que nous décrivons devra nécessairement s'adapter à la structure de l'État, infiniment plus étendue. La tâche n'est pas impossible : certaines administrations comme le ministère des Transports belge en ont déjà fait l'expérience avec succès. Google a réussi à croître en gardant les valeurs qui ont fait sa genèse.

Cette transition n'est pas seulement culturelle : c'est un changement total de paradigme, qui demande de faire le deuil de l'ancien modèle.

Une méta-plateforme : pour aller où ?

L'État méta-plateforme agrémenté de ses plateformes satellites, internes et externes, saura améliorer les services publics. Mais alors pour quelle vision d'ensemble ?

Pour une vision qui demande avant tout de faire le deuil, ou plus exactement de faire deux deuils, une bonne fois pour toutes : celui de la prospective exhaustive et celui de l'État webérien.

Faire le deuil

Le deuil d'abord de la prospective exhaustive. La prospective est souvent fausse, pire, elle paralyse tellement les enjeux sont multiples, connexes, imbriqués et complexes. Car la mondialisation a considérablement augmenté le terrain de jeu. Car l'innovation n'est plus cyclique (si jamais elle l'a déjà été) : elle est permanente et arrive toujours plus vite que prévu. Qui peut affirmer avec certitude que demain les voitures et les trains céderont leur place à une armée de véhicules autonomes ? Qui est capable d'anticiper l'impact qu'aura l'intelligence artificielle dans tous les secteurs où on lui prédit un avenir ? Qui est prêt à mettre sa main à couper que Twitter sera vivant ou mort dans dix ans ?

Le monde n'est pas prévisible, tente de nous dire Nassim Nicholas Taleb dans son best-seller *Le Cygne noir*[13] . Notre penchant platonique pour les raisonnements purs, élégants et bien définis, nous pousse à l'enfermer dans une description trompeuse au travers de règles mathématiques et de lois de probabilité prétendant prédire l'avenir. Or l'histoire est souvent déterminée par des événements difficilement prévisibles : les bombes atomiques américaines arrêtent la

Seconde Guerre mondiale, les attentats du 11 septembre 2001 font basculer l'ordre international établi, la crise financière de 2008 entraîne l'économie mondiale dans sa chute, le Brexit remaniera les cartes en Europe, l'élection de Donald Trump celles du monde entier. Le caractère imprévisible de ces épisodes extraordinaires est d'autant plus difficile à admettre que l'effet de surprise disparaît aussitôt que l'événement a eu lieu. Tous lui trouvent des causes *a posteriori* qui justifieront qu'il était rétrospectivement prévisible et qui expliquent même pourquoi il n'a pas été prévu. Difficile d'admettre alors que non, personne n'aurait pu vraiment anticiper cet événement pourtant décisif. C'est le titre de l'ouvrage : impossible d'imaginer que les cygnes pouvaient être noirs avant leur découverte en Australie au XIXe siècle. Depuis, leur existence ne surprend plus personne. Au contraire, c'est le fait même qu'elle ait pu nous surprendre qui étonne. L'auteur propose alors une dichotomie des événements incertains. Ceux dont la probabilité d'occurrence est calculable et ceux qui sont « fortuits », pour lesquels l'incertitude n'est pas calculable.

L'État ni personne ne peut anticiper avec certitude ce que nous réservent la technologie et les centaines de disrupteurs à venir. Les tentatives de prévision exhaustive à moyen ou long terme et le plan d'action minutieusement développé qui en découle sont voués à l'échec.

Mais, bonne nouvelle, ce n'est pas grave. Faire le deuil de la prospective exhaustive n'est pas un aveu de faiblesse mais d'intelligence. C'est la preuve de sa capacité d'adaptation au monde d'aujourd'hui, mouvant, insaisissable. L'État peut et doit bien entendu continuer d'écrire des scénarios. Seulement il doit se lancer rapidement et se laisser la possibilité de pivoter et changer de direction. Il doit être capable de raisonner dans des présents successifs. Il doit même être capable d'abandonner des projets (défi notoire tellement il peine à le faire aujourd'hui). Le changement de culture est significatif mais il viendra petit à petit. L'essentiel est de se lancer et d'apprendre en allant.

Le deuil de la prospective exhaustive et les alternatives proposées amènent à penser que l'enjeu est plus profond que l'on veut bien le croire. Il s'agit de faire un deuil plus fondamental encore : celui du modèle de l'État webérien tel que nous le connaissons.

Calliope Spanou, professeur à l'université d'Athènes, explique très bien pourquoi le modèle webérien est remis en cause et ce que cela implique[14]. Max Weber attribue à l'État la caractéristique d'être le seul à avoir le droit d'exercer la violence physique sur son territoire. La définition de l'État comme entité qui a le monopole de la contrainte physique légitime a vite été vue comme la cause de son interventionnisme croissant. Cette expansion des activités étatiques est maintenant remise en cause (depuis des dizaines d'années déjà) et entraîne dans sa chute le modèle webérien[15].

Dans l'État webérien, il existe une division stricte du travail entre les politiques – qui décident –, l'Administration – qui exécute minutieusement – et les citoyens – qui par leur vote donnent au politique sa légitimité démocratique. La qualité première de l'Administration est sa rationalité instrumentale. Elle est « *l'instrument qui met en œuvre avec prévision et prévisibilité l'impulsion donnée par le politique*[16] » et c'est de cette subordination (et de là uniquement) qu'elle tire sa légitimité puisqu'elle n'est jamais confrontée au corps électoral. Comme l'explique Max Weber, « *la bureaucratisation est l'ombre inséparable de la démocratie de masse* ». Les fonctionnaires se doivent d'exécuter leurs tâches selon les normes et processus,

« *sans haine et sans passion, sans amour et sans enthousiasme, sans considération de personnes, formellement, de manière égale pour tout le monde, c'est-à-dire pour tous les intéressés se trouvant dans la même situation de fait*[17] ». L'Administration reçoit l'impulsion du sommet de la pyramide hiérarchique en « *top-down* ». Elle est tournée vers le haut et doit rendre des comptes : les principes d'imputabilité, de responsabilité et de contrôle permettent de prolonger la chaîne démocratique. C'est la conformité de l'action de l'Administration à la bureaucratie qui assure que son pouvoir discrétionnaire est limité au minimum et qui légitime son action.

Calliope Spanou compare le modèle webérien au modèle de l'« État marchand ». Celui-ci reflète en réalité des situations très variées mais fait globalement référence aux modèles qui font du destinataire des services publics un « *client et consommateur individuel à qui il faut offrir le choix afin de guider le jeu par ses préférences*[18] ». Le modèle de l'État méta-plateforme, lui, fait moins appel à cette notion qu'à celle qui demande que les services publics soient conçus comme le ferait une entreprise 2.0. Son but final tient bien entendu compte des attentes explicites ou latentes des citoyens, mais il les transcende pour répondre à un objectif d'intérêt général plus large (fixé pour chaque projet). Une fois cet objectif en tête, l'Administration doit faire et être beaucoup plus agile que dans le modèle webérien pour pivoter rapidement en fonction des retours du terrain. C'est la notion de réceptivité[19]. L'Administration doit être suffisamment dynamique pour juger si les effets de ses actions correspondent à l'intention initiale et suivre en continu des mutations économiques et sociétales toujours plus rapides. Cette réactivité est incompatible avec le micro-management et les processus exhaustifs caractéristiques de l'Administration. La chaîne de contrôle ne peut plus être aussi rigide, sa tension ne peut être aussi forte. Les institutions au plus proche du terrain – en fonction du projet, les administrations centrales ou locales – doivent pouvoir prendre des initiatives sans attendre la médiation politique. Pour cela les politiques doivent leur faire confiance et lâcher du lest afin que les agents de la fonction publique puissent répondre à cette impulsion qui vient, cette fois, d'en bas.

Dans le modèle du méta-plateforme, l'impulsion vient d'autant plus du bas que les acteurs impliqués dans l'action publique sont variés. L'État ouvre ses portes à des start-up, associations, etc., dont l'action est d'intérêt général et qui permettent de dynamiser l'Administration encore davantage. Autrement dit par Duran et Thoenig, « *un système autocentré, sinon hiérarchique, que structuraient la domination de l'État et la limitation des acteurs au sein d'un cadre institutionnel clair, cède le pas à un univers largement a-centrique que caractérisent l'éclatement des frontières et la diversité des acteurs qui interviennent*[20] ». La démarche n'est en fait ni ascendante ni descendante : elle fait coopérer de façon pragmatique les décideurs, les agents publics, les entités hors État œuvrant pour l'intérêt général, les acteurs du terrain et les citoyens « clients-usagers » des services publics. Dans ce cadre, un contrôle trop lourd romprait la dynamique de l'écosystème et tuerait dans l'œuf les différentes initiatives.

Mais alors quelle légitimation aux actions et décisions de cette Administration toujours plus autonome et de ses plateformes satellites ? La structure de l'appareil administratif webérien cristallisait une conception de la démocratie ; par quoi remplace-t-on à présent la responsabilité, l'imputabilité et le contrôle[21] ? Quelle résolution si l'impulsion du *top* n'est pas en phase avec celle du *down* ? La légitimité de l'Administration peut-elle seulement découler de son action[22] ? Prend-elle plutôt racine dans la participation des différentes parties prenantes (légitimation fonctionnelle) ? Ces parties prenantes sont-elles représentatives des intérêts divers ? Même si c'est le cas, la notion d'un intérêt général qui va au-delà de la somme des intérêts particuliers est-elle satisfaite ? Au final, cette gouvernance par les réseaux est-elle plus ou moins démocratique que la bureaucratie webérienne ? Par quelle conception de la démocratie ?

Là non plus, pas de panique démesurée. Il est évidemment extrêmement important d'avoir en tête tous ces sujets. Il faut les comprendre et s'en saisir petit à petit, mais surtout ne pas se laisser paralyser par l'étendue des controverses possibles. Caliope Spanou le dit elle-même : « *l'agencification, la discrétion, la flexibilité et la réceptivité peuvent très bien coexister avec la rationalité du modèle webérien à condition qu'elles soient accompagnées de méthodes alternatives permettant de préserver le lien avec le principe démocratique et ses corollaires* ». Le modèle est à construire, à expérimenter, et beaucoup de pistes de solutions existent. Pour certains, c'est le contrôle *a posteriori* qui remplira la fonction de régulation permettant à l'Administration de rendre compte de ses actions. C'est l'évaluation (et non plus le contrôle *ex ante*) qui assurera que la co-production de services publics par l'écosystème répond bien à l'objectif initial. La coordination entre haut et bas se fondera sur la confiance. Le pilotage se fera par le résultat. Les acteurs auront certes plus d'autonomie pour décider de leurs actions mais la pertinence de leurs choix sera évaluée au regard des résultats attendus. Nous y reviendrons.

Le modèle webérien mérite d'être actualisé, sinon repensé en totalité. Conséquence directe de son organisation a-centrique, le modèle de la méta-plateforme tend par ailleurs à une personnalisation des services publics. L'autonomisation croissante des acteurs proches du terrain risque de rompre avec l'impulsion unique du pouvoir centralisé et incitera certainement à passer de la notion d'égalité stricte entre les citoyens à la notion d'équité, de quitter l'égalité de traitement pour embrasser la justesse du traitement. Les modèles existants sont questionnés et leurs transformations doivent être appréciées collectivement dans toutes leurs dimensions : technique, sociale, éthique et politique. Quelle logique pour entraîner cette métamorphose ?

Des petits cailloux aux étoiles

Selon Marcel Gauchet, le plus important est de ne pas faire preuve de naïveté prévisionnelle et planificatrice. Il sera vain voire dévastateur d'essayer de reconstituer le modèle que nous connaissons déjà[23]. Même Michel Serres l'admet : « *Je ne sais pas où l'on va, il est impossible de le savoir* ». Avant de conclure : « *Mais on y va*[24] ».

Si le monde y va, autant y aller avec lui. Comme évoqué précédemment, les réponses à l'abandon de certains principes sur lesquels reposait le fonctionnement de nos institutions existent. Elles sont certes inachevées mais leur développement est en cours et elles se perfectionneront avec l'action. Il ne faut pas penser puis marcher, il faut marcher pour alimenter sa pensée. C'est l'action qui nourrit la réflexion. Les démonstrations hors sol et les raisonnements trop poussés en salle blanche n'ont que rarement les résultats escomptés. Tant que nous n'avons pas donné le premier coup de pédale, nous sommes bien incapables de savoir si nous allons trouver l'équilibre. Lançons-nous et apprenons en marchant. Il ne s'agit pas de se jeter dans le vide en espérant que le parachute s'ouvre. Il est question d'apprendre à vivre et à agir dans l'incertitude.

Pas de réponse toute faite, pas d'énièmes propositions chocs qui ne seront jamais mises en œuvre. Mais les contours d'un nouveau cadre de pensée, d'une nouvelle méthode basée sur la culture que nous décrivions précédemment : centrée sur le citoyen, cassant les silos, qui se confronte aux faits et y répond avec agilité. Prônons les choses sans les organiser. Comme le dit Jean-François Caron, maire de Loos-en-Gohelle, modèle de ville durable pris en exemple par Jeremy Rifkin[25], il faut aller « des petits cailloux aux étoiles ». Plus précisément, il faut « *une étoile pour faire rêver et donner envie, et des petits cailloux pour se mettre en mouvement et baliser le chemin*[26] ». L'étoile qui doit guider l'action de l'Administration est la méta-plateforme et les valeurs qu'elle véhicule : ouverture et confiance en l'intelligence collective.

Le caractère progressif et continu de cet apprentissage ne doit pas masquer le caractère drastique de la transformation à effectuer. On ne parle pas ici d'une réforme, on annonce une révolution. N'est-ce pas ce que nous, Français, avons dans le sang ? Comme le défend Philippe d'Iribarne dans *La Logique de l'honneur*[27], là où certains peuples organisent la paix, nous organisons la façon de régler les conflits. C'est le désaccord explicite et le renversement total de modèle qui nous donne l'énergie du changement.

La révolution n'attend que nous. Gestion *top-down* et contrôle ont montré leurs limites : nous n'avons d'autre choix que de faire confiance au terrain et d'inverser la hiérarchie des normes (les polémiques autour de l'article 2 de la loi Travail ont montré à quel point ce changement de paradigme est aussi difficile que d'actualité). La crise de confiance durable qui s'est installée entre citoyens et politiques questionne leur caractère représentatif. La défiance généralisée envers ces élus qui ne tiennent pas leurs promesses est d'ailleurs peut-être la raison du succès des entrepreneurs. Quand les politiques parlent, les entrepreneurs, eux, font. Le magazine *le 1* s'est même demandé dans un numéro du même nom « A quoi sert le président ? ». Mazarine Pingeot y explique que nous touchons à la fin du symbolique en passant d'une personnification du pouvoir à une personnalisation du pouvoir. Auparavant le propre corps du président était mis entre parenthèses (la maladie de François Mitterrand est restée secrète des années), écrasé par un corps symbolique qui doit tenir coûte que coûte pour garantir l'unité de l'État et la pérennité du politique. Le président est comme Dieu : il n'a pas de corps. Il représente l'intérêt général, et par son entremise tous les citoyens. Pour l'auteur, cette personnification « *n'est pas le fait de quelques personnes en particulier, qui auraient inversé le rapport, mais bien l'expression d'une transformation sociale dont les derniers présidents seraient le symptôme plus que la cause*[28] ». La représentativité et donc la légitimité démocratique même des élus sont questionnées. Nous n'avons pas grand-chose à perdre, changeons de paradigme au lieu de nous accrocher à ce que nous avons toujours connu.

Cette méthode au « caillou par caillou » peut paraître frustrante (surtout pour nous, Français, sans cesse en quête de rationalité, de contours bien définis, de plan en trois parties et de gestes héroïques), mais il serait faux de penser que l'étoile n'éclaire pas suffisamment le chemin. La vision est là, c'est juste qu'elle est plus large et plus permissive que celles auxquelles nous sommes habitués. Cette impulsion est suffisante pour que les gens la suivent et transforment le modèle, petit à petit, par ajustements progressifs.

On s'en doute, le message initial doit être très fort. Les changements de mentalités à effectuer sont tels que le sujet ne peut pas être seulement administratif. Il doit bénéficier d'un soutien politique fort sinon il restera anecdotique et marginal, vu comme du « bidouillage » par ses opposants et utilisé comme simple vitrine par un ministre cherchant à prouver sa modernité. La méta-plateformisation d'Amazon ne s'est pas faite du jour au lendemain ! Elle a demandé un travail considérable aux équipes qui devaient jongler entre le développement d'*Amazon Web Services* et le travail quotidien demandé par les produits existants. Jeff Bezos a fait preuve d'un leadership et d'un charisme exceptionnels (tyranniques diront certains) pour que ses troupes gardent en tête la nouvelle vision : « *les équipes doivent communiquer entre elles* via *des API, conçues dès le début pour être à terme accessibles de l'extérieur* », sans quoi elles ne sont plus gardées au sein de la maison[29].

Malgré la différence de style des patrons des GAFA, les faits sont là : les fondateurs occupent toujours des postes clés et parviennent à garder les actionnaires à l'écart afin d'imposer une puissante vision à long terme. L'image de Facebook – le petit dernier qui a déjà 12 ans – est indissociable de celle de Marc Zuckerberg, son fondateur et actuel CEO. Serguey Brin et Larry Page, fondateurs de Google, sont dix-sept ans plus tard président et CEO d'Alphabet, la maison mère du groupe. Jeff Bezos lançait son site de e-commerce en 1995, il est toujours à la tête d'Amazon, devenu un empire. Steeve Jobs a fondé Apple il y a quarante ans, il est décédé en 2011 au poste de CEO de l'entreprise. À titre de comparaison, la France a connu cinq présidents de la République depuis l'élection de Valéry Giscard d'Estaing en 1974 (il y a un peu plus de quarante ans). Bien plus marquant : sur la même période, 23 personnalités différentes ont occupé le poste de ministre de l'Économie et des Finances (aujourd'hui souvent séparé en deux postes distincts) ; elles ont été assistées par 54 ministres délégués ou secrétaires d'État associés. L'État vit au rythme des élections et des remaniements, souvent difficilement compatible avec un temps long.

Certains États parviennent pourtant à imposer une vision à long terme. Le gouvernement chinois impose les objectifs généraux à atteindre. Les thématiques sont ensuite extrêmement bien distribuées entre chaque grande ville qui mobilise start-up, universités, associations, etc. pour trouver le moyen le plus efficace d'atteindre l'objectif donné. Toute action qui s'éloigne de la finalité initialement fixée est recadrée. C'est ce qui est arrivé aux entreprises qui se sont lancées dans le micro-crédit : le contrôle *a posteriori* a montré que ces initiatives avaient grignoté des parts de marché aux banques (en accordant des prêts à des personnes déjà éligibles dans le système bancaire traditionnel) mais n'avaient pas permis aux plus pauvres d'accéder au crédit. Elles se sont fait rappeler à l'ordre par le gouvernement et doivent maintenant aller vers ce marché sinon elles seront sanctionnées.

Ce n'est pas une surprise : une vision autoritaire accélère la transformation. Pour autant nous ne serions pas prêts à accepter toutes les contraintes imposées par le gouvernement chinois. Un État démocratique peut-il voir aussi loin que les patrons d'Apple ou Amazon ? L'Europe a déjà connu des « hommes d'État » comme Churchill ou de Gaulle placés dans des perspectives à long terme. Mais les périodes concernées étaient particulières : l'enjeu de survie était partagé par l'ensemble de la population et l'État retrouvait sa mission primitive de conduire la guerre pour la perpétuation de la « tribu ». En dehors de ces époques, est-on capable d'élire et de reconduire des représentants assumant une vision politique à long terme ? Les patrons des GAFA ont bien réussi à se libérer du joug court-termiste là où beaucoup de dirigeants se disent tenus en laisse par l'obligation de résultats trimestriels. L'espoir n'est pas vain, mais il serait absolument stérile d'attendre l'homme providentiel pour autant.

D'autres leviers sont activables, qui n'attendent que nous. L'État lui-même n'est pas totalement dépourvu de vision à long terme. Un début de solution portée par le Conseil national du numérique est de renforcer le rôle d'orientation stratégique du SGMAP[30]. La création en son sein de la fonction d'Administrateur général des données, chargé de pousser les administrations à ouvrir leurs données et d'en publier l'état d'avancement, va dans cette direction. Certains pays entendent même garantir le long terme non pas en l'ancrant dans l'Administration mais dans le politique. C'est le cas de la Suède qui est l'un des rares États du monde – avec la Corée du Sud – à s'être doté fin 2014 d'un ministère du Futur. Dirigé par Kristina Persson, il est chargé de la réflexion en matière de politiques publiques sur cinq, dix ou quinze ans selon le secteur d'activité. Il ne s'agit pas d'établir une feuille de route précise indiquant le chemin à suivre mais de définir l'étoile à atteindre. Les preuves de l'efficacité de cette institution sont encore à faire, mais l'initiative est déjà saluée par certaines personnes comme Marc Benioff, fondateur et directeur général de SalesForce, qui s'est exprimé en faveur de la généralisation d'un tel ministère[31].

Plus important encore, il faut qu'en externe chacun se mobilise pour piquer le mastodonte. Pour faire en sorte que la pression de la société civile soit telle qu'une vision politique forte n'ait d'autre choix que d'émaner naturellement. Il est certain que tout le monde n'est pas mû par un intérêt général et une volonté de collaborer sans bornes, mais l'inverse est aussi vrai. Nous ne sommes pas des *homo œconomicus* qui cherchons seulement à maximiser leur propre utilité. Le développement de l'économie sociale et solidaire est considérable, les citoyens souhaitent donner toujours plus de sens à leur action et être utiles. Les aspirations sont là, la société veut de plus en plus influencer et prendre part à l'action publique. Cela peut prendre différentes formes. Nos usages, tout simplement, ont déjà une influence importante : la pression mise par les employés était telle que le *Bring your own device* (« Apportez vos appareils personnels », le fait d'utiliser son propre téléphone ou ordinateur portable dans un contexte professionnel) est maintenant accepté dans la plupart des entreprises.

Les citoyens peuvent aussi s'associer autour d'une vision et pousser les politiques à l'adopter. C'était le sens du Pacte écologique élaboré par la Fondation Nicolas Hulot pour la nature et l'homme et le Comité de veille écologique et signé par plus de 730 000 Français. La mobilisation citoyenne a été telle que les principaux candidats à l'élection présidentielle de 2007 (Nicolas Sarkozy, Ségolène Royal et François Bayrou) se sont engagés à adopter ses dix objectifs et ses cinq propositions concrètes une fois élus. France Digitale, l'association considérée par beaucoup comme la plus représentative du secteur numérique français, poursuit des objectifs similaires pour 2017. L'organisation a ainsi lancé une vaste consultation nationale visant à « construire un programme politique pour la France numérique idéale » et à imposer la transformation numérique à marche forcée[32]. C'est d'ailleurs ce que font au quotidien les plateformes satellites privées comme Finamatic. Dans la grande majorité des cas, la puissance publique n'a pas été impliquée dès le début du projet (sinon les blocages auraient été trop importants). Les start-up ont contourné l'existant et n'ont procédé au rapprochement qu'une fois la qualité du nouveau service était telle que, mises devant le fait accompli, les administrations n'avaient d'autre choix que de collaborer. Google lui-même se fait *by-passer* et établit des partenariats avec les start-ups qu'il juge les plus intéressantes. Les 70 acquisitions qu'il a réalisées ces trois dernières années ont chacune à leur manière contribué à l'élaboration de la feuille de route du groupe.

Aucune solution ne prétend être exhaustive, mais les initiatives sont là. En interne comme en externe, des personnes agissent pour faire réagir. Rejoignons leur rang et provoquons ensemble la méta-plateformisation de l'État.

Ce que nous appelons parfois abusivement l'ubérisation et la méta-plateformisation de l'État concerne en fait l'Administration et l'ensemble des services publics plus que l'État avec un grand E. Il serait pour autant naïf de penser qu'une mutation aussi drastique de l'Administration est totalement dissociable du politique. Évidemment, comme nous venons de le voir, la transformation de l'instrument de l'État pose nécessairement la question de l'adaptation de ses instances politiques et du fonctionnement démocratique dans son ensemble.

7

Vers un renouveau démocratique ?

Certains s'étonnent : comment se fait-il que le numérique ait changé presque tous les aspects de notre vie quotidienne… sauf la structure de nos démocraties ? Les initiatives qui tendent à montrer que ce constat ne va pas durer abondent. Qu'elles veulent nous faire passer d'une culture de la délégation à une culture de l'action (où les citoyens deviennent acteurs de l'intérêt général) ou changer totalement le système institutionnel actuel, elles ont toutes la même ambition : provoquer le renouveau démocratique. Armel le Coz, designer, a tenté de les regrouper selon sept grandes familles[1] : les citoyens autonomes (bien représentés dans le film *Demain*), les révolutionnaires (comme Nuit Debout, Laprimaire.org, MaVoix), les formateurs (par exemple Voxe), les transformateurs (Etalab, La 27e Région, etc.), les partisans de la démocratie participative « traditionnelle » (conseils de quartier, Commission nationale du débat public), les « *civic tech* » (comme Change.org, Fluicity, La Fabrique de la loi, DemocracyOS), et les fédérateurs, qui essaient justement de regrouper toutes ces propositions.

Aucune classification n'est parfaite, mais celle-ci a le mérite d'illustrer la diversité des initiatives. De la même façon, il est intéressant de jeter un œil sur les transformations du travail du politique dans trois de ses fonctions principales : communiquer, construire la norme et décider. Libre à chacun de se saisir de ces tendances en cours, de se les approprier, de les adapter ou de les rejeter, et de faire évoluer le débat.

Communiquer : vers plus de transparence

Le sujet de la transparence n'est pas nouveau. Dès 1978, la grande loi de transparence statuait que tout est communicable sauf exception. Y a-t-il vraiment lieu alors d'en parler comme un attribut du « renouveau démocratique » ?

Oui, car, comme l'explique Serge Lasvignes, secrétaire général du gouvernement de 2006 à 2015, l'*open data* et le numérique doivent permettre d'envisager la transparence sous un tout autre point de vue[2]. Ils ne doivent pas seulement dépoussiérer le concept, ils doivent entraîner sa mutation d'une transparence passive et subie vers une transparence active : finalisée, promue, organisée selon une logique d'offre. Bref, saisissable pour un citoyen dont le temps n'est pas illimité afin qu'il puisse vraiment s'y intéresser et en tirer profit. L'ouverture n'est pas une initiative naturelle, elle demande un changement des mentalités et des compétences techniques (pour fournir des données consolidées – et non brutes – par exemple). C'est une transformation qui ne se décrète pas, elle demande à être construite et coordonnée.

La première question à adresser est : pourquoi ? La transparence n'est jamais un but en soi, elle cache toujours une mission. Elle n'est même pas un concept juridique. C'est un moyen de mettre en œuvre des idées et des valeurs qui, elles, peuvent avoir un ancrage juridique. Elle recouvre toujours un motif d'intérêt général (confiance du citoyen, etc.) qui légitime sa pratique.

Il est important de le garder en tête. Comme l'explique Mazarine Pingeot dans l'essai *La Dictature de la transparence*[3], la transparence dogmatique n'est évidemment pas souhaitable. L'ouverture d'information (par exemple la publication du patrimoine des élus) peut conduire à des violations de la vie privée. Un arbitrage est souvent nécessaire entre cette entorse à des droits fondamentaux d'une part et le motif d'intérêt général d'autre part. Plus, l'ouverture totale est un enfermement. Elle paralyse la prise de risque et peut servir un contrôle démesuré. Il ne s'agit pas d'être obsédé par la transparence, mais d'expliciter les principes d'intérêt général qu'elle ne manque pas de servir, au niveau macroéconomique comme au niveau microéconomique.

Au niveau macroéconomique, la transparence est avant tout un outil redoutable de lutte contre la corruption. Fléau dans certains pays, le problème est moindre en France mais mérite encore d'être adressé. C'est le sens du projet de loi relatif à « la transparence, la lutte contre la corruption et la modernisation de la vie économique » (dite loi Sapin 2) qui prévoit la fondation d'une Agence nationale de prévention et de détection de la corruption. Le projet de loi envisage aussi la création d'un répertoire numérique des représentants d'intérêt : la participation des lobbies à la vie politique est nécessaire pour de multiples raisons mais il est indispensable de s'assurer qu'ils représentent la pluralité des acteurs économiques, qui sont loin de tous avoir la même force de frappe.

Au niveau microéconomique, la transparence sert à réduire l'asymétrie d'information. La mise en ligne de données détaillées sur les marchés publics permettrait notamment à tous les acteurs de bénéficier du même niveau d'information.

Les répondants pourraient mieux dimensionner leur réponse, le nombre et la qualité des offres s'amélioreraient et l'achat public deviendrait plus efficace.

La transparence peut aussi servir à une meilleure compréhension des politiques publiques pour le citoyen et les entreprises. C'est grâce à l'ouverture de plusieurs sources de données comme le catalogue *open data* du Sénat que certaines initiatives privées ont pu créer un service clarifiant le débat démocratique. Ainsi le site La Fabrique de la loi permet de suivre la chronologie de la navette parlementaire pour plus de 290 textes et de plonger dans les amendements, groupe politique par groupe politique, parlementaire par parlementaire, en voyant simplement ce qui a été ajouté ou supprimé à chaque étape. Cette accessibilité, la possibilité de comprendre et de juger par soi-même constitue un *empowerment* crucial pour le citoyen et découragera peut-être à terme certains politiques téméraires de dire tout et son contraire en pensant que personne n'a la capacité de vérifier. La compréhension de la loi peut aussi s'avérer délicate une fois qu'elle a été promulguée. Dans cette logique, France Stratégie a lancé en avril 2016 en partenariat avec d'autres administrations le modèle de simulation OpenFisca. Ce logiciel et ses dérivés ont pour but de faciliter la compréhension du système sociofiscal français. Ici, l'idée n'est pas de fournir un service intégré mais une brique de service public. Les logiciels d'OpenFisca sont en licences libres : ils sont utilisables, améliorables et redistribuables sous la seule contrainte que les travaux dérivés soient alors libres eux-aussi.

Enfin, la transparence doit permettre aux politiques de rendre des comptes compréhensibles et fidèles à leur action. Si la légitimité démocratique des élus tient au fait qu'ils se confrontent aux urnes, il faut absolument que les citoyens soient à même de juger du travail accompli avant de glisser dans l'enveloppe tel ou tel bulletin. Là où actuellement un nombre extrêmement limité d'indicateurs tente de nous éclairer (croissance et taux de chômage au premier plan), il faut demain que nous soyons capables d'évaluer l'impact réel de telle ou telle politique. Ce n'est pas simple, tant l'action publique a des spécificités qui complexifient la mesure du résultat. Face au constat que moins de la moitié de ses innovations publiques font l'objet d'une évaluation, le Centre de l'innovation publique du Danemark a même publié un guide pour aider les agents publics. Sa directrice explique : « *Il est difficile d'évaluer l'innovation, mais cela reste indispensable. Sinon, on ne sait pas quelle valeur ajoutée a été créée*[4] ». Ce contrôle *a posteriori* est d'autant plus indispensable que l'État méta-plateforme engage une action publique déconcentrée et partagée entre des acteurs variés. Cette confiance est inséparable d'une évaluation publique transparente afin de prouver que les acteurs ont pris les meilleures décisions possibles. Les acteurs eux-mêmes la réclament pour donner un sens à leur autonomie et progresser dans leur démarche de *try and learn*.

De façon générale, la transparence est tout simplement un levier pour répondre au problème de la confiance dans le politique. Certains vont plus loin et disent que la situation de défiance démocratique est telle qu'il faut aller au-delà de la transparence, que le système doit passer de l'ouverture des données à l'ouverture du pouvoir. C'est la notion de « gouvernement ouvert » représentée au niveau international par le Partenariat pour un gouvernement ouvert (*Open Government Partnership*, OGP). Lancée en 2011, cette initiative regroupe aujourd'hui près de 65 États autour de la promotion de la transparence, de l'intégrité et de l'ouverture de l'action publique à la participation citoyenne. Hôte de son sommet en décembre 2016, la France a rejoint le partenariat en mai 2014. L'adhésion à l'OGP implique l'élaboration de concert avec la société civile d'un plan d'action visant à améliorer les pratiques de gouvernement ouvert et à le mettre en œuvre. La notion d'ouverture du pouvoir fait appel à deux principales caractéristiques du travail du politique : construire et décider. Dans les deux cas, les pratiques peuvent évoluer à la fois en interne *via* l'utilisation de nouvelles méthodes et en s'appuyant sur l'intelligence collective extérieure en sollicitant la participation directe des citoyens et autres parties prenantes.

Construire différemment

La complexité du monde met à mal tous les projets qui auraient l'ambition calme et majestueuse d'un jardin à la française. Comme les autres, le faiseur de normes se heurte à deux défis majeurs : suivre le rythme actuellement effréné des évolutions du monde et les comprendre. Pour légiférer, il doit ensuite s'appuyer sur la force sachante de la multitude.

Comprendre avant de légiférer

L'acculturation du législateur est un enjeu de taille. Celui-ci doit prendre le temps de comprendre avant de légiférer. Une intervention prématurée sera nécessairement maladroite et il faut en finir avec la mauvaise habitude que les Européens ont de réglementer l'innovation dès qu'elle paraît, là où les Américains en font un produit. Une vision pertinente est par ailleurs une vision qui casse les silos. Il est évident que les domaines du droit et de l'économie ne fonctionnent pas en vases clos. Pourtant économistes et juristes se regardent encore souvent en chiens de faïence, se considérant l'un l'autre comme des fonctions support de leur propre discipline, plus noble. Le cas de l'internet des objets est un bon exemple de « pensée publique » avant l'« action publique » qui casse les silos. Toutes les administrations concernées de près ou de loin par ce secteur se sont regroupées pour auditer l'écosystème et délibérer afin de sortir d'ici fin 2016 un livre blanc d'une vision commune et partagée[5]. L'Autorité de régulation des communications électroniques et des postes (Arcep), la Commission nationale de l'informatique et des libertés (CNIL), l'Agence nationale de sécurité des systèmes d'information (Anssi), l'Agence nationale des fréquences (ANFR), la Direction générale des entreprises (DGE), la Direction générale de l'aménagement, du logement et de la nature et France Stratégie (le think tank de l'État) ont délibéré ensemble afin de construire un point de vue sur des sujets complexes comme le dilemme de l'interopérabilité, cette capacité qu'ont les produits à interagir entre eux même s'ils ne s'appuient pas sur la même technologie. Doit-on privilégier le confort du consommateur en garantissant l'interopérabilité entre les systèmes par la définition d'un standard ? Dans ce cas, comment s'assurer que le régulateur fixe un standard qui n'avantage pas un acteur économique au détriment des autres et ne nivelle pas le secteur vers le bas ? Faut-il plutôt autoriser les systèmes intégrés afin de laisser le marché mettre en évidence quelle est la meilleure innovation (et ne pas l'imposer artificiellement par la définition d'un standard), quitte à ce que les produits de différents constructeurs ne communiquent pas entre eux ?

L'autre enjeu majeur est le fossé qui sépare le temps politique du temps de l'innovation. Le législateur ne doit plus essayer de répondre à tous les cas de figure, de tout maîtriser, de tout prévoir. Les règles doivent définir les grands objectifs mais lâcher prise sur les conditions précises d'application, jamais suffisamment robustes à l'avancée des technologies. Même les régulateurs (comme la CNIL, l'Arcep, l'Autorité de la concurrence, etc.), plus agiles, dont le rôle est justement de faire le tampon entre la loi et les conditions de marché, sont mis au défi. Leur temps de réponse est encore trop long pour suivre la fréquence effrénée des innovations. Certains d'entre eux essaient de le réduire au minimum en jouant avec les propres armes des ubérisants : l'appui sur la multitude. Les initiatives de l'Arcep de régulation par la donnée sont des armes qui pourraient permettre une réaction quasi immédiate.

Le législateur peut donc s'appuyer sur la multitude pour faire respecter les lois. Plus, il pourrait même faire appel à l'intelligence collective pour les co-construire.

Avec l'extérieur : co-construire avec la multitude

Comprendre avant de légiférer, c'est faire preuve d'humilité pour faire plus efficace. Ne pourrait-on pas pousser la logique jusqu'au bout et appeler les faiseurs de loi à s'appuyer sur la multitude au lieu d'essayer de tout maîtriser et de tout comprendre en interne ?

La co-construction de normes est l'étape supérieure de l'*empowerment* citoyen. Là où le citoyen et les plateformes satellites privées épaulaient l'Administration dans l'exécution des décisions, ils ont maintenant l'occasion de fabriquer la norme aux côtés des politiques. À présent les décideurs s'appuient sur les idées et les outils de la multitude : c'est la production même de la loi qui est atomisée.

C'est l'idée qui se cache derrière la fameuse « démocratie participative » au sens large, dans toutes les formes qu'elle recouvre en fait. Le référendum est rarement inclus dans le concept, ce mode de scrutin étant davantage de l'ordre de la co-décision que de la co-construction. Il convient d'explorer ici la participation éclairée au processus de construction de norme.

Un des exemples les plus aboutis s'est déroulé à Taïwan. Audrey Tang, hacktiviste taïwanaise, raconte comment cette île de 23 millions d'habitants, qui a passé plusieurs décennies de politique bipartisane, a connu une expérience pionnière de démocratie participative numérique[6]. Tout a vraiment commencé en 2014, quand les chauffeurs de la ville de Taipei ont encerclé le ministère des Transports pour exiger des négociations avec la compagnie Uber. Les hacktivistes du mouvement gOv porté par Audrey Tang, ont décidé de monter une plateforme de consultation visant à créer du consensus social entre l'ensemble des parties prenantes : vTaïwan. Malgré des réticences initiales, le gouvernement a fini par s'allier aux hacktivistes et à utiliser la plateforme pour le processus délibératif. Les chauffeurs de taxis, les chauffeurs Uber, les passagers, les universitaires et les fonctionnaires, les citoyens en somme, ont discuté et sont parvenus à proposer une sortie de crise. L'outil n'a pas seulement servi de base à une consultation nationale, il a produit du consensus ! À présent, des hacktivistes du mouvement gOv travaillent avec l'Administration à réinventer la façon d'élaborer des politiques publiques. Audrey Tang a même été nommée en août 2016 ministre sans portefeuille pour travailler sur des problématiques liées à l'économie numérique et au gouvernement ouvert.

Le cas de la ville de Mexico est aussi intéressant : moins ambitieux sur le résultat puisqu'il ne s'agit que d'une consultation, il l'est davantage sur l'objet de la discussion qui vise à repenser la Constitution. Suite au retrait du statut de district fédéral de la ville, celle-ci doit se doter d'une nouvelle constitution. Sur un site dédié, les habitants ont été invités à répondre au sondage « Imagine ta ville » qui a ensuite servi d'indicateur au projet de texte présenté par le maire[7].

On se doute que les conditions du succès de ces méthodes sont très culturelles. Audrey Tang explique d'ailleurs que la participation colossale des hackers et citoyens taïwanais est peut-être due au fait que sa génération est la première à s'exprimer librement après quarante ans de dictature de Tchang Kaï-chek. « *1988 a vu l'avènement de la liberté de la presse et l'arrivée des ordinateurs personnels. 1996 a été l'année de la première élection présidentielle et l'éclosion des sites internet. Internet et démocratie ont évolué ensemble*[8]. » Les Français ne sont pas vraiment connus pour leur culture du consensus, pourtant de telles actions existent aussi.

Dans le cadre de la préparation du projet de loi Numérique, le Conseil national du numérique (CNNum) a coordonné une concertation d'ampleur nationale. Au cœur du dispositif, la plateforme Contribuez.cnnumerique.fr avait pour fonction de recueillir les avis, votes et propositions d'action des citoyens autour de quatre grands thèmes prédéfinis. Quatre journées contributives ont été organisées autour de ces thèmes, ainsi qu'une dizaine d'ateliers et de nombreux événements contributifs auto-organisés et outillés par le kit *Do it yourself* téléchargeable en ligne. D'après le CNNum, au total 21 330 contributeurs ont voté près de 150 000 fois et déposé plus de 8 500 arguments, amendements et propositions de nouveaux articles. Les personnes intéressées professionnellement ont été le plus nombreuses à réagir, mais des profils variés (collégiens, retraités, chauffeurs de taxi, etc.) ont aussi participé. Le CNNum a ensuite élaboré ses recommandations en s'appuyant sur les contributions et en arbitrant entre des propositions parfois contradictoires lorsque nécessaire. Le résultat ne reflète pas toujours le contenu de la consultation, le stade du consensus n'ayant pas été atteint. Cependant les arbitrages ont été rendus publics et l'expérience a suscité un volume intéressant de contributions de qualité.

D'autres types d'initiatives existent au niveau local, comme par exemple Fluicity. Partant du constat désolant que 61 % des jeunes n'ont pas voté aux dernières élections municipales alors que cet échelon local est moins politisé et plus pragmatique, Fluicity est une plateforme de démocratie participative à l'échelle de la commune (déjà adoptée par Vernon et le IXe arrondissement de Paris). D'une part, un fil d'actualité informe les citoyens des initiatives locales, d'autre part, la plateforme permet au maire et ses équipes de poser des questions, aux citoyens de proposer des idées, finalement aux solutions d'être élaborées de concert. Plus, l'aide de la *data* informe les élus des intérêts des populations. Vers une démocratie participative sans efforts ?

Dans les projets de démocratie participative, l'organisation du débat est capitale. C'est un design simple et agréable qui va inciter les gens à participer et une méthode ingénieuse qui mènera à un débat constructif, voire dans le meilleur des cas à l'élaboration d'un consensus. Audrey Tang donne les clés du fonctionnement de vTaïwan dans une conférence relatée par le « laboratoire de transformation publique » La 27e Région[9]. La première chose à faire est de rendre le processus de délibération agréable : les outils de visualisation des données (et à terme la réalité virtuelle) permettent de rassembler les citoyens dans un même espace ; la participation doit pouvoir être rapide (c'était encore plus le cas dans la crise d'Uber car les chauffeurs devaient pouvoir prendre position sur leur téléphone le temps d'un feu rouge). Les informations clés compréhensibles par tous et lisibles en moins de cinq minutes doivent ensuite être fournies aux participants. Un médiateur par partie prenante est en charge de réguler la conversation. Différents types de contributions sont possibles (poser une question, partager des faits ou des sentiments, objecter, etc.). Le système utilise six niveaux d'affichage différent pour voir rapidement le degré de consensus sur chaque proposition. À ce stade, d'autres outils de médiation séparent les versions trop divergentes afin qu'elles poursuivent des voies indépendantes. Après trente jours minimum de débats en ligne, des auditions sont organisées avec l'ensemble des parties prenantes ou leurs représentants. Ils se mettent d'accord sur une délibération à partir de ce qui a émergé en ligne. Cette organisation a permis de sortir de la crise entre Uber et les taxis, et vTaïwan est depuis régulièrement utilisé par le gouvernement.

Différentes limites de la démocratie participative sont souvent évoquées : il faut que les parties prenantes veuillent et puissent participer au débat (en l'occurrence soient des utilisateurs d'internet s'il est en partie en ligne). La multiplicité des acteurs impliqués conduit souvent à des décisions certes consensuelles mais complexifiées. Les systèmes ne peuvent être utilisés que sur des problèmes concrets. Les parties prenantes sont-elles représentatives ? Pire, selon Dominique Bourg (philosophe français et professeur à l'université de Lausanne) dans les formes de délibération impliquant les parties prenantes, l'avenir est négligé. En effet, qui pour représenter les générations futures dans les débats à caractère intrinsèquement prospectif comme le changement climatique ?

La démocratie participative ne pourra sans doute pas s'appliquer à tous les types de débats. Cependant, certains succès tendent à montrer que la délibération entre parties prenantes peut être puissante et dépasser la simple consultation de lobbies œuvrant seulement pour leurs intérêts sans interaction avec les autres parties impliquées. Penser que la démocratie participative se limite à la consultation désordonnée et peu productive d'une poignée de citoyens n'est peut-être plus à la mode. Pour O'Reilly, ce serait «*comme penser qu'une simple section "commentaires" sur un site web est la version aboutie d'un réseau social*[10]». Autre avantage indéniable : la co-construction porte en elle l'adhésion à un projet commun. L'élaboration de la norme est peut-être plus complexe mais sa mise en œuvre est d'une efficacité sans précédent.

Mieux décider

La puissance publique et les décisions centralisées qui sont prises souffrent d'une réelle crise de légitimité à l'heure actuelle : partout les choix sont contestés. Nous sommes entrés dans un temps démocratique nouveau. Il n'y a qu'à voir tous les grands projets d'infrastructures qui sont sans cesse désavoués par une partie de la population quand ils sont adoubés par une autre. La cause est peut-être à chercher du côté de la transparence et de l'évaluation des politiques publiques. Elles sont totalement insuffisantes aujourd'hui. De l'opacité naît le doute, du doute naît la controverse et de la controverse naissent des combats idéologiques. Dans la majeure partie des débats publics, quel que soit le sujet, des arguments prétendument savants s'élèvent de part et d'autre. Sur la loi Travail portée par Myriam El Khomri, les uns diront qu'une flexibilité accrue augmentera le nombre d'emplois et réduira le chômage, les autres diront que l'on n'a jamais diminué le nombre de sans-emplois en favorisant le licenciement... Qui a raison ? Personne ne le sait avec certitude. L'éducation prioritaire réduit-elle vraiment les inégalités ? Les uns diront que oui, les autres diront que non. Mais qu'en sait-on vraiment ?

Expérimenter l'action publique

L'économiste Élise Huillery prend l'exemple du travail du dimanche et se demande s'il représentera une demande accrue ou un simple déplacement de l'activité hebdomadaire. Elle résume ensuite : « In fine, *théoriquement, on ne sait pas ce qui va l'emporter. Les chercheurs comme les décideurs sont amenés parfois à se baser sur des croyances*[11]. » De fait, il est possible que la contestation grimpante, qui comme le lierre invasif gagne toutes les strates de la société et tend à décrédibiliser sans cesse l'action publique, se nourrisse de choix se fondant uniquement sur des idéologies. L'idéologie est importante, elle permet d'orienter les politiques, mais elle ne doit être ni paralysante ni aveugle et se confronter à l'épreuve des faits. C'est la preuve qui manque aujourd'hui en politique publique, tant les annonces sont faites pour l'immédiateté, sans se soucier des conséquences, sans évaluer le résultat de la mesure – la preuve qu'une politique est efficace et qu'il faut la généraliser, la preuve qu'une politique ne l'est pas et qu'il faut l'arrêter. La seule solution pour aboutir à des évidences, c'est de passer par l'expérimentation. La France, pays de tradition scientifique, là où pour les Anglo-Saxons le droit prime, ne devrait pas avoir de peine à imposer les démarches inductives. Pour le philosophe pragmatique américain John Dewey, la politique est une expérimentation[12]. L'expérimentation, c'est justement l'évaluation *ex ante*.

Comme le dit très justement Élise Huillery, l'expérimentation est un aveu de faiblesse. C'est admettre de ne pas tout savoir, c'est admettre son impuissance. Mais c'est un moyen redoutablement efficace et puissant. Si la politique publique est une science, adoptons la méthodologie scientifique au lieu d'ériger le bon sens en référent absolu de l'action publique. Parfois le bon sens ne mène pas au résultat escompté. Élise Huillery démontre que le Programme de réussite éducative (PRE) qui consiste à faire accompagner les enfants en difficulté par des équipes pluridisciplinaires pour un coût avoisinant les 1 500 euros par enfant par an apporte des résultats moins bons que le programme *Les parents, partenaires de l'École* mis en place par l'académie de Créteil et qui multiplie les occasions de rencontre entre parents et équipes éducatives pour un coût mille fois moindre (1,50 euro par enfant par an)[13]. Qui l'eut cru ? Le bon sens aurait bien évidemment pensé que le programme le plus cher était le meilleur et qu'un accompagnement lourd et pluridisciplinaire de l'enfant serait plus efficace que des multiplications de réunions informatives. Les faits démontrent pourtant l'inverse. Les décideurs ont donc dans ce cas, sans aucune motivation raisonnée, gaspillé l'argent public.

Une méthodologie scientifique, c'est passer par une expérience reproductible pour tirer des conclusions rationnelles. C'est avoir un nombre de sujets (patients, chômeurs, entreprises, etc.) suffisant pour que le résultat soit significatif (100 est un minimum, les expérimentations qu'effectue La Poste concerne environ 1 000 personnes). C'est avoir aussi un groupe témoin pour être sûr de comprendre les implications de la mesure prise. La constitution de ce groupe, comme en médecine, peut poser des problèmes éthiques mais il apparaît nécessaire d'assumer sans crainte une forme d'inégalité temporaire.

L'expérimentation pose problème aux décideurs puisque c'est l'acceptation de leur ignorance sur de nombreux sujets. Il ne sert à rien de planter une seule graine en espérant qu'elle pousse à grand renfort d'attention, d'eau et d'engrais. Le résultat est très incertain. En revanche, semer des centaines de graines et attendre de voir celles qui poussent le mieux se révélerait bien plus efficace. Le désordre est créatif. Bien entendu, l'expérimentation et la démarche scientifique de *try and learn* n'est pas permise dans tous les secteurs, la sécurité par exemple. Mais, dans bien des domaines, elle pourrait être la réponse à la crise de légitimité que connaît l'action publique. Expérimenter ne serait d'ailleurs pas une idée venue de nulle part. Amazon l'utilise à outrance pour tester ses innovations. Sa puissance d'analyse de donnée lui permet d'être très rapide. Une matinée de test d'une nouvelle fonctionnalité sur leur son site internet dans un seul État américain lui permet de dire si c'est un succès (et donc généraliser) ou un échec (et donc abandonner)[14]. C'est ce que l'on appelle le *A/B testing*, cette technique qui consiste à proposer plusieurs variantes d'un même objet afin de déterminer celle qui donne les meilleurs résultats. La Poste a également recours à ce procédé, comme lorsqu'elle a testé dans la ville d'Angers la livraison de colis entre 18 h et 21 h au lieu du milieu journée quand personne n'est jamais chez soi pour réceptionner. Le résultat est tout à fait satisfaisant puisque le taux d'échec de livraison est passé de 23 à 13 %, ce qui représente un gain économique substantiel. Aux États-Unis, 150 expérimentations sérieuses ont été menées dans la sphère publique. Au Japon, un programme datant de 2014 permet aux entreprises de tester des produits innovants en bénéficiant d'une réglementation allégée et standardisée[15]. Une approche similaire est en vigueur au Royaume-Uni depuis mai 2016. Qu'en est-il en France au-delà du simple cas de La Poste ?

Sur les 38 démarches d'expérimentation qui se sont déroulées en Europe, la moitié s'est tenue en France grâce au fonds d'expérimentation pour la jeunesse créé en 2009 à l'initiative de Martin Hirsch. Les projets éprouvés, comme le médiatique CV anonyme, ont surtout concerné l'insertion professionnelle. Le principe même d'expérimentation est constitutionnel : c'est l'article 37-1, introduit le 28 mars 2003. Il autorise les dérogations temporaires à certaines dispositions réglementaires : « *La loi et le règlement peuvent comporter, pour un objet et une durée limités, des dispositions à caractère expérimental.* » Cependant, la possibilité est sous-utilisée et la pratique a totalement aseptisé le principe puisque les tests ont été lancés en ayant déjà pour but une généralisation nationale : n'étaient expérimentés que les projets dont on était certain du succès... De belles réussites sont néanmoins à noter. Une hydrolienne fluviale de la société Hydroquest a pu être installée pour expérimentation dans une zone Natura 2000 à Orléans.

Pour continuer sur cette lancée prometteuse, le gouvernement a ouvert le 29 juin 2016 un appel à projets intitulé France Expérimentation qui vise à sélectionner des innovations dérogeant à des normes établies pour les tester en environnement réel.

L'évaluation *ex ante* (l'expérimentation) et *ex post* (évoquée précédemment) n'est pas simple puisqu'elle prend du temps, souvent quelques années, et que les décideurs politiques n'en ont pas. Il faudrait qu'en permanence un laboratoire de projets expérimentaux soit en effervescence, teste des innovations en matière de politique publique et en évalue l'efficacité. Une structure suffisamment indépendante du politique devrait pouvoir évaluer les textes de loi, avant leur promulgation et après quelques années d'application. L'avertissement et la critique du « solutionnisme technologique » de Morozov nous rappellent à l'ordre : attention à ne pas croire qu'un pilotage par la *data* est la solution à tous nos problèmes et permet de se passer de résolutions globales et politiques. La décision finale ne doit pas revenir à des *data scientists* qui auraient toute indépendance pour déterminer les paramètres cruciaux de leurs modèles. L'efficacité (souvent facilement quantifiable) ne doit pas devenir le critère dominant au prix de certaines valeurs fondamentales de notre société. La recommandation du think tank Health 2020 évoqué précédemment réduirait sans doute le déficit de la sécurité sociale en incitant les gens à moins fumer, mais il discriminerait aussi sûrement les personnes les moins éduquées ou dans une période difficile de leur vie. Le politique doit garder sa place et ne pas gouverner *par* les données mais plutôt *avec* les données.

Le politique pourrait alors piocher dans ce formidable réservoir. L'expérimentation revient à accepter l'inversion des normes du principe de précaution. Bien entendu, il ne s'agit aucunement d'expérimenter tout et n'importe quoi. Mais on est sans doute allé trop loin dans une application extrêmement stricte du principe de précaution. C'est par l'expérimentation que la puissance publique retrouvera la légitimité d'imposer des choix irréfutables d'intérêt général, ou tout du moins d'écarter des solutions dont l'effet est démontré négatif. Pourquoi ne pas imaginer des quartiers où les drones de livraison sont permis, des routes où les véhicules autonomes sont la règle, des villes où tous les volontaires voient leur génome séquencé ? Expérimenter, c'est pour la puissance publique accepter de perdre du terrain aujourd'hui pour mieux réguler ensuite.

Avec l'extérieur : co-décider avec la multitude ?

La puissance publique doit non seulement changer sa façon de décider en interne grâce à l'expérimentation, mais elle peut là aussi s'ouvrir au monde extérieur. Dans la construction collaborative (comme dans l'exemple des hackers de Taïwan), la puissance publique s'appuie sur l'intelligence collective pour le diagnostic, la compréhension, la participation à la réflexion qui précède la décision. Des acteurs divers plongent dans le mécanisme intellectuel de construction de la norme. C'est ensuite au politique de trancher en fonction des contributions ou du consensus qu'on lui soumet. Certains pensent qu'il est souhaitable d'étendre encore la notion de participation à la décision finale. Cette logique jusqu'au-boutiste de l'appui sur la multitude nous emmène dans des débats aussi vertigineux que la fin des hommes politiques ou la mort de l'État.

Le constat de base n'est pas aberrant : si l'on demandait à quelqu'un de repartir d'une page blanche en oubliant tous les systèmes démocratiques qu'il connaît pour imaginer celui qui régirait au mieux le monde actuel, bouleversé par les transformations numériques, il ne choisirait certainement pas de déléguer 100 % de son vote à une seule personne pendant une durée fixe de cinq ans (pour prendre l'exemple du niveau national français). Là où, pour des raisons entre autres techniques et organisationnelles, le mandat unique à durée limitée a primé par le passé, un tel manque de flexibilité peut sembler dépassé à l'heure du numérique.

Certains évoquent la piste de la démocratie liquide. Nous le verrons, on peut y opposer de nombreuses critiques dont certaines sont peut-être insurmontables. Cependant, ce modèle permet de nous projeter dans un univers différent et de libérer notre imagination afin de penser les contours de nouveaux systèmes. En élargissant le champ des expériences de pensée, les utopies et dystopies (sociétés imaginaires où le bonheur est impossible) nous aident à questionner le changement social et sont vecteurs de transformation.

Le concept de démocratie liquide ou délégative est relativement récent et toutes ses caractéristiques ne sont pas encore vraiment stabilisées. À cheval entre la démocratie directe et la démocratie représentative, il ne s'appuie plus sur la notion de représentant mais sur celle de délégué. Chaque citoyen peut choisir de voter directement ou de confier son pouvoir à un ou plusieurs délégués. Il est par exemple possible de léguer son vote sur les sujets militaires à une personne et sur les questions de santé à une autre. Plus de représentants spécifiques et de victoire électorale : tout un chacun peut être délégué s'il est désigné par un concitoyen. Les délégués peuvent se déléguer le pouvoir entre eux. Afin d'assurer leur responsabilité, toutes leurs décisions sont rendues publiques. La notion de mandat disparaît, les délégués pouvant être révoqués à tout moment et remplacés par d'autres. Le vote direct est possible pour les citoyens ayant le temps, l'intérêt, et l'envie de voter sur un sujet en particulier mais il n'est pas obligatoire : c'est une sorte de « démocratie volontaire directe ». Le bulletin de vote est flexibilisé à l'extrême, la liquidité est totale.

Des projets très concrets existent déjà. En Argentine, l'idée du *Partido de la Red* créé en 2012 par des entrepreneurs est de faire entrer au Parlement un député « cheval de Troie » qui voterait en accord avec ce que les membres du parti décident en ligne. À cette fin, ils ont créé DemocracyOS, une plateforme *open source* sur laquelle il est possible de voter ou de déléguer son vote au sujet d'un texte parlementaire en cours de consultation à l'Assemblée. Les membres du parti peuvent aussi faire des propositions de loi qui seront portées par le député si elles recueillent suffisamment de votes sur la plateforme. Un an après sa création, le parti se présenta aux élections législatives du Parlement de Buenos Aires et recueillit 21 000 votes (soit 1 % du total). Aujourd'hui la plateforme est reprise dans le monde entier, au Mexique, aux États-Unis, en Espagne et en France.

La première barrière à la mise en œuvre de la démocratie liquide est technique : demander aux citoyens de se déplacer au bureau de vote le plus proche à chaque sollicitation n'est pas pensable. Il faut leur permettre de voter à distance, ce qui pose la question cruciale de la validation de l'identité : est-ce une personne et pas une machine qui est en train de voter ? Est-il sûr qu'elle n'est pas sous contrainte ? etc. C'est pourquoi la démocratie liquide est souvent associée à la blockchain, vue comme un moyen de sécuriser le vote et de contourner de nouveau l'État (non plus décideur mais) « tiers de confiance ». Une autre limite classiquement soulevée est liée à la démocratie directe : quelle capacité pour les citoyens à voter directement sur tous les sujets variés sur lesquels doit se prononcer un État ou à avouer son incapacité à voter ? L'humilité de laisser les sujets qui nous dépassent à des « spécialistes » viendra-t-elle avec le temps, à force de pratique ? Faut-il instaurer des garde-fous appropriés avec des super-majorités comme c'est déjà souvent le cas pour les révisions constitutionnelles ? La légitimité de la majorité simple a notamment été questionnée dans le cadre du référendum sur le Brexit. Le taux de participation ayant été de 70 %, le « *leave* » l'a emporté avec seulement 36 %

des électeurs : est-ce digne d'une décision d'un tel enjeu ? Certains évoquent le risque d'un diktat du court terme et d'un manque de cohérence globale. Est-il vraiment possible de prendre des décisions sur le travail ou la santé indépendamment des problématiques économiques ? Quel est l'impact des changements d'opinion soudains de la population, des lobbies, etc. ? Des solutions existent et dépendent énormément des conditions d'application précises d'un tel système démocratique. Ces scénarios nous emmènent très loin : qui a alors le contrôle sur la puissance publique ? Quels fondements pour la souveraineté ? Est-ce la mort du politique ?

Beaucoup de questions restent en suspens. Il n'en demeure pas moins que s'interroger sur l'affinement de la représentativité du citoyen et l'expression populaire par un enrichissement du bulletin vote est sans doute nécessaire.

Les initiatives de renouveau démocratique abondent. Qu'elles demandent une implication de quelques parties prenantes ou de l'ensemble des citoyens, quel que soit leur degré de participation (proposition d'idées ou d'outils, co-construction de consensus, de projets de loi, de programmes politiques, co-décision *via* le vote), elles challengent les modèles existants et imaginent de nouveaux systèmes, plus ouverts.

Dès qu'il y a démocratie, il y a des problèmes et des promesses selon Pierre Rosanvallon[16]. Les espoirs suscités par ces approches valent la peine de prendre à bras le corps les questions qu'elles ne manquent pas d'engendrer.

Conclusion

L'État méta-plateforme entouré de plateformes satellites créatrices de services publics est la réponse que nous proposons à la menace fantôme d'ubérisation qui pèse sur lui. La réponse surtout à la crise généralisée qu'il rencontre. L'Administration ne doit pas se contenter de faire sa mue : elle doit changer de squelette. Elle doit changer sa structure en profondeur pour être plus ouverte, plus efficace, plus réactive, plus collaborative. Finalement pour être dans son temps. Ne nous y méprenons pas : cette révolution est bien plus culturelle qu'elle n'est technique. Évidemment il sera indispensable pour la fonction publique d'acquérir de nouvelles compétences, de recruter et de former différemment, de savoir structurer et transmettre ses données, de travailler avec de nouveaux outils, d'en saisir les impacts, mais il sera surtout question d'entrer dans un cadre de pensée qui est à bien des égards diamétralement opposé à celui qu'elle connaît aujourd'hui. Faciliter plutôt que contrôler, ne pas se fier aux dires mais aux faits, ne pas gérer d'une main de fer mais faire tout court, ne pas chercher à éradiquer l'incertitude mais vivre avec, ne plus être obsédé par la verticale mais par l'horizontale, ne pas se croire le meilleur mais le recruter, où qu'il soit. Un changement de mentalités ne se décrète pas, il ne s'impose pas comme l'on pourrait imposer un nouvel outil. Il demande une prise de conscience de tous, dans la sphère publique mais aussi de la société dans son ensemble.

L'État n'y arrivera pas tout seul. C'est à nous citoyens, entreprises, étudiants, retraités, collectifs, de faire plus que marquer notre désaccord, plus que critiquer, mais enfin contribuer, participer, aider à faire muter. Rentrons dans une logique bienveillante et vertueuse. Les bonnes volontés sont là : nombre de fonctionnaires ont l'intérêt général chevillé au corps et ont dédié leur vie à améliorer le fonctionnement de l'État, petit caillou par petit caillou. Comme elle l'aurait été pour n'importe quelle organisation tentaculaire, la mutation est difficile. Il faut admettre que les méthodes que l'on emploie depuis toujours ne sont plus les plus pertinentes, passer de l'ancien au nouveau est toujours synonyme d'une charge de travail supplémentaire souvent peu récompensée. La France n'est pas la seule à effectuer sa transition à tâtons. Aucun pays ne peut encore réellement être érigé en modèle.

Faisons preuve d'humilité, en interne comme en externe. Les citoyens ne font de toute façon plus confiance aux politiques : admettre que l'on ne sait pas ne peut plus être vécu par la sphère publique comme un aveu de faiblesse ; au contraire, c'est une marque d'intelligence qui doit permettre de faire grandir ensemble et de co-construire. Les problèmes sont souvent si compliqués que l'État a rarement l'opportunité de proposer une solution clé en main dont la réussite est certaine : venons-lui en aide, créons des plateformes satellites qui pourront lui faire gagner en agilité et réagir avec pertinence aux mutations du monde d'aujourd'hui, toujours plus rapides. Chacun peut contribuer à sa façon. Prendre conscience du sujet, orienter nos usages, voilà déjà des moyens de faire pression directement ou indirectement sur l'État et pousser à sa mutation. Il faut piquer le mastodonte. Les politiques sont censés être le reflet de la volonté générale ? Donnons-leur une image qui ne laisse pas l'ombre d'un doute. Nous, Français, savons nous mobiliser sur des sujets d'intérêt général et défendre des valeurs qui nous tiennent à cœur. L'ampleur de la mobilisation qui a suivi les attentats contre le journal *Charlie Hebdo* partout en France a marqué les esprits du reste du monde. Ce n'est ni la technologie ni les politiques seuls qui réaliseront la mutation, c'est nous tous. Mobilisons l'énergie que l'on dépense dans la contestation à co-construire. Passons à l'ère du *Do It Ourselves*. Faisons.

Que faire d'autre ? Augmenter encore les dépenses dans tel ou tel service public ? Améliorer l'efficacité des processus existants en tentant de faire des économies qui ne seront certainement pas significatives ? On ne parle plus d'optimisation, mais de disruption, de refonte structurelle, de changement total de paradigme. L'État n'est pas en crise, il est arrêté au péage. Impossible de faire demi-tour et de revenir à la stabilité qu'il a jadis connue. La barrière ne s'ouvrira que s'il prouve sa capacité à s'adapter au monde qui l'attend avec impatience de l'autre côté. Cette transformation est absolument indispensable ; elle trouve sa cause profonde dans une mutation qui dépasse très largement celle de la sphère publique. Michel Serres attribue à Montesquieu la phrase : « *La nature de l'État dépend de l'étendue de l'espace*[1] ». Or l'espace dans lequel nous vivons a drastiquement changé. Les distances n'ont pas seulement été diminuées par l'arrivée de tel ou tel nouveau moyen de transport comme c'est l'usage depuis des centaines d'années, mais elles ont été tout bonnement supprimées avec l'essor des adresses électroniques, des nouveaux moyens de communication et du numérique. Et Michel Serres de continuer : nous sommes passés d'un espace métrique, euclidien, où l'on se repérait par adresse postale (du latin *ad-directus*, le droit, l'endroit où la maréchaussée pouvait me saisir au corps), à un espace topologique, sans distance, où l'on peut interagir avec une personne située à n'importe quel endroit de la terre presque comme si elle était à nos côtés. Notre nouvel espace, nous dit-il, est celui du réseau, celui où chaque point est à la fois fusion et fission, réunion et dispersion, celui où chaque point est synthèse : de ce point on va n'importe où, de n'importe où on va sur ce point. Là où notre État actuel fonctionne encore en pyramide, en un sapin dont le seul point de synthèse est le sommet de l'arbre. La forme actuelle de l'État n'est plus en phase avec l'espace du XXIe siècle, il est temps d'en changer et de passer de l'âge de la concentration à l'âge de la distribution. Depuis des années déjà, l'État est malmené : les firmes multinationales, les organisations internationales ou non gouvernementales, le cyberespace s'affranchissent des frontières géographiques et challengent les notions traditionnelles de territoire et de souveraineté nationale. Comme le monde qui l'entoure, la structure de l'État doit muter et les contours de son action doivent être redéfinis.

Le sujet est technologique, culturel, mais surtout éminemment politique. Quel est le rôle de l'État au XXIe siècle ? Quel est son *mission statement*, son but ultime ? Être l'outil dont le peuple se dote pour exercer sa souveraineté ? Être garant de l'ordre public ? Être garant d'une culture et de valeurs communes – elles-mêmes à définir ? Être faiseur de synthèse et trancher en cas de conflit ? Être un « intégrateur » qui veille à modérer les tensions d'une société trop inégalitaire ? Être le tiers de confiance par excellence ? Le guide vers l'avenir ? Fabriquer les grands biens communs ? Quelle place pour l'État méta-plateforme au sein de l'Union européenne ? Doit-il rendre des services publics de façon strictement égale pour tous ou devra-t-il troquer une égalité rêvée pour une équité réelle (en rendant des services plus personnalisés) ? Devra-t-il abandonner l'idéal du système unique qui va à tout le monde pour un système multi-facettes dans lequel tout le monde va ? Garantir l'accès à l'éducation, aux soins... mais pas éduquer, soigner... ? La société ne cesse de mettre en cause la légitimité de ses prises de position, même l'étendard de l'intérêt général ne suffit pas toujours à justifier ses actions.

L'État est-il encore le garant de l'intérêt général ? Par quelle définition ? D'après le Conseil d'État, l'intérêt général est ce qui permet de restreindre les intérêts individuels. Cette notion n'est pas inscrite dans le droit positif, elle doit s'apprécier pour chaque situation. Cela suffit-il à dépasser la notion anglo-saxonne de l'intérêt général appréhendé comme somme des intérêts particuliers pour garantir celle, française, d'un intérêt supérieur transcendant les volontés individuelles ? L'ubérisation de l'État amène son lot de questions, aussi complexes que passionnantes. Il ne faut pas qu'elles nous paralysent : au contraire, gardons-les en tête dans nos activités quotidiennes, saisissons-nous en au jour le jour et voyons comment des décisions sont prises au nom de l'intérêt général quand les gouvernements tentent de répondre à la crise entre Uber et les taxis, quand ils choisissent de taxer ou non les services d'Airbnb, quand les organismes publics font un partenariat avec Finamatic, Bayes Impact, TripAdvisor ou les GAFA. Tant que nous avons conscience des enjeux, c'est l'action qui provoque la réflexion.

Attaqué de toute part, délibérément ou non, l'État est menacé d'une ubérisation allant à l'encontre des valeurs qui nous tiennent à cœur. Pire, il est menacé d'implosion s'il ne retrouve pas son lien avec la multitude. Le changement n'attend que nous : *Time Magazine*, déjà en 2006, élisait personnalité de l'année… « vous[2] ». Alors non, le coup d'État n'aura pas lieu. Pas si tous nous contribuons avec ceux qui le font déjà à l'ubérisation de l'État.

Notes

Chapitre 1

1. Christophe Deshayes, « Ubérisation, le temps de la contre-attaque », *ParisTech Review*, janvier 2016, http://www.paristechreview.com/2016/01/21/uberisation-contre-attaque/

2. M.-A Dujarier, « Digital labor, travail du consommateur : quels usages sociaux du numérique ? », *InaGlobal, La Revue des industries créatives et des médias*, publié le 18 janvier 2016 (mis à jour le 26 janvier 2016).

3. « Who Wants to be a Billionaire ? », une de *Forbes*, 11 février 2013.

4. Adam Thomson, « Maurice Lévy tries to pick up Publicis after failed deal with Omnicom », *Financial Times* (en ligne), 14 décembre 2014.

5. Russ Roberts, « Nathan Blecharczyk on Airbnb and the Sharing Economy », *Econtalk*, septembre 2014, http://www.econtalk.org/archives/2014/09/nathan_blecharc.html

6. Nicolas Colin, « La richesse des nations après la révolution numérique », Terra Nova, octobre 2015.

Chapitre 2

1. Jean-Yves Paillé, « Santé : les Français font confiance aux GAFA », *La Tribune*, mai 2016, http://www.latribune.fr/technos-medias/sante-les-francais-font-confiance-aux-gafa-573652.html

2. « Did Google's NHS patient data deal need ethical approval ? », *New Scientist*, 2016, https://www.newscientist.com/article/2088056-did-googles-nhs-patient-data-deal-need-ethical-approval/

3. *La Santé, bien commun de la société numérique*, rapport du Conseil national du numérique remis à la Ministre des Affaires sociales, de la Santé et des Droits des femmes, octobre 2015.

4. Sophie Pène, « Ministère de l'Éducation nationale et Microsoft : un traité plus qu'un contrat », 2015, https://medium.com/open-edtech/l-accord-de-partenariat-entre-le-minist%C3%A8re-de-l-%C3%A9ducation-nationale-et-microsoft-un-contrat-37c430af3a63

5. Morgane Taquet, « LinkedIn tisse sa toile dans le supérieur », *L'Étudiant*, 2015, http://www.letudiant.fr/educpros/enquetes/linkedin-le-reseau-tisse-peu-a-peu-sa-toile-dans-le-superieur.html

6. *Université numérique, du temps des explorateurs à celui de la transformation*, rapport du Conseil national du numérique remis au Secrétaire d'État à l'Enseignement supérieur et à la Recherche, mai 2016.

7. https://www.gv.com/portfolio/

8. Société des Bourses françaises : CAC 40 + 80 entreprises parmi les 200 plus grosses capitalisations boursières françaises.

9. Alejandro Alba, « Thief arrested after victim identifies him on Facebook's people you may know », *Daily News*, 2016, http://www.nydailynews.com/news/crime/thief-arrested-facebook-suggests-victim-friend-article-1.2654551

10. Système électronique d'autorisation de voyage (*Electronic System for Travel Authorization*).

11. http://www.lemonde.fr/pixels/article/2016/06/30/faudra-t-il-bientot-signaler-sa-presence-sur-les-reseaux-sociaux-pour-entrer-aux-etats-unis_4961534_4408996.html

12. http://www.lefigaro.fr, 12 septembre 2016.

13. Henri Verdier et Charles Murciano, « Les communs numériques : éléments d'économie politique », *Les Cahiers de la Chaire*, ESSEC Business School, n° 69, 28 avril 2016.

14. Paul Samuelson, « The Pure Theory of Public Expenditure », *The Review of Economics and Statistics*, 1954, vol. 36, n° 4, p. 387-389.

15. Baromètre Paul Delouvrier 2015, TNS Sofres, décembre 2015.

16. http://www.en-cphi.cn/news/show-21430.html et https://medium.com/15-s10-smm/wechat-is-transforming-healthcare-in-china-315587c687c1#.wob5zt9iv

17. Chiffres publiés pour l'année 2015 et estimés par consensus de brokers pour les années suivantes. Nous avons considéré les GAFA au sens strict, excluant Microsoft.

18. Éditorial de Johan Hufnagel, *Libération*, 14 mai 2016.

19. D'après le *Dictionnaire de la langue française*, http://www.linternaute.com/dictionnaire/fr/definition/nation/

20. Pierre-Noël Giraud, « "De l'or et des plaisirs" : Woerth, et après ? », *Mariane*, http://www.marianne.net/philippepetit/De-l-or-et-des-plaisirs-Woerth-et-apres_a39.html

21. Eric Schmidt et Jared Cohen, *The New Digital Age. Reshaping the future of People, Nations and Business*, Londres, John Murray, 2013.

22. Walter Isaacson, « The 2013 TIME 100 ». Pioneers : Jared Cohen, Idea man, 31. *Time Magaazine,* 18 avril 2013.

23. https://jigsaw.google.com/

24. http://unicode.org/L2/L2016/16160-emoji-professions.pdf

25. Étude GAFAnomics, FaberNovel, http://fr.slideshare.net/faberNovel/gafanomics/38-38_Be_healthy_Be_entertained

26. http://www.calicolabs.com/

27. *Design ethicist* en anglais.

28. « Tristan Harris : des millions d'heures sont juste volées à la vie des gens », *L'Obs* avec *Rue89*, juin 2016, http://rue89.nouvelobs.com/2016/06/04/tristan-harris-millions-dheures-sont-juste-volees-a-vie-gens-264251

29. Ibidem.

30. Rapport « Internet : pour une gouvernance ouverte et équitable », section des Affaires européennes et internationales, 11 décembre 2013.

31. http://www.bbc.com/news/technology-35082344

32. https://deepmind.com/blog/announcing-partnership-ai-benefit-people-society/

33. https://info.internet.org/en/ et http://newsroom.fb.com/news/2013/09/focusing-on-efficiency/

34. Ben Popper, « Google says its Titan drones will make their first flight in a few months », *The Verge*, mars 2015, http://www.theverge.com/2015/3/2/8131145/googles-titan-drone-flight-internet-access

35. Cecilia Kang et Christian Davenport, « SpaceX founder files with government to provide internet from space », *The Washington Post*, 9 juin 2015, https://www.washingtonpost.com/business/economy/

spacex-founder-files-with-government-to-provide-internet-service-from-space/2015/06/09/db8d8d02-0eb7-11e5-a0dc-2b6f404ff5cf_story.html

36. Claude Revel, *2030, l'Empire numérique* (à paraître).

37. Catherine Morin-Desailly, *L'Union européenne, colonie du monde numérique ?*, Rapport d'information n° 443 (2012-2013) fait au nom de la Commission des affaires européennes du Sénat, déposé le 20 mars 2013.

38. Nicolas Colin, « La richesse des nations après la révolution numérique », Terra Nova, octobre 2015.

39. Festival « Futur en Seine », 9-19 juin 2016, http://meta-media.fr/2016/06/13/les-3-pistes-du-president-de-larcep-pour-hacker-les-gafa.html

40. Claude Revel, *2030, l'Empire numérique*, (à paraître).

41. http://www.straitstimes.com/opinion/a-letter-to-an-ungrateful-world-from-google-apple-facebook-et-al

42. Voir notamment Christian Arnsperger et Philippe Van Parijs, *Éthique économique et sociale*, Paris, La Découverte, 2003.

43. John Markoff, « Silicon Valley investors to bankroll artificial intelligence center », *The Seattle Times*, 13 décembre 2015, http://www.seattletimes.com/business/technology/silicon-valley-investors-to-bankroll-artificial-intelligence-center/

44. Ibidem.

Chapitre 3

1. Nicolas Colin, « La richesse des nations après la révolution numérique », Terra Nova, octobre 2015.

2. Dominique Nora, « Ses réseaux, sa stratégie, ses méthodes... Le vrai pouvoir de Google en France », *L'Obs*, Le vrai pouvoir de Google en France, 2 juin 2016.

3. Ibidem.

4. « Le FBI veut se passer d'Apple pour débloquer l'iPhone du tueur de San Bernardino », Le Monde, 2016, http://www.lemonde.fr/conflit-apple-fbi/article/2016/03/22/chiffrement-annulation-d-audience-tres-attendue-entre-apple-et-le-gouvernement-americain_4887366_4870067.html

5. Claude Soula, « Les trois enquêtes qui menacent Google », *L'Obs*, « Le vrai pouvoir de Google en France », 2 juin 2016.

6. Dominique Nora, « Ses réseaux, sa stratégie, ses méthodes... Le vrai pouvoir de Google en France », *L'Obs*, « Le vrai pouvoir de Google en France », 2 juin 2016.

7. Cade Metz, « Elon Musk's billion dollar AI plan is about far more than saving the world », *Wired*, 15 décembre 2015, http://www.wired.com/2015/12/elon-musks-billion-dollar-ai-plan-is-about-far-more-than-saving-the-world/

8. Twitter @tedesign

9. http://www.arcep.fr/?id=11353

10. Lauren Smiley, « How India pierced Facebook's free internet program », *Blackchannel*, 1er février 2016, https://backchannel.com/how-india-pierced-facebook-s-free-internet-program-6ae3f9f-fd1b4#.9unl8cy1y

11. http://gizmodo.com/former-facebook-workers-we-routinely-suppressed-conser-1775461006

12. https://media.fb.com/2016/04/12/introducing-the-facebook-live-api/

13. Rappelons que l'Office de radiodiffusion-télévision française (ORTF) fut créé en 1964. Disparu en 1974, il avait pour mission la tutelle de la radiodiffusion et de la télévision publique, la gestion des émetteurs et de la production audiovisuelle nationales et régionales.

14. http://www.lexpress.fr/actualites/1/actualite/facebook-accuse-de-manipuler-les-sujets-tendance-la-polemique-fait-rage_1790794.html

15. https://francais.rt.com/opinions/28322-google-determine-vainqueur-elections

16. Dominique Cardon, *À quoi rêvent les algorithmes ? Nos vies à l'heure des big data*, La République des idées, Seuil, 2015.

17. http://www.dailymotion.com/video/x2m5g8s

18. http://gizmodo.com/facebook-admits-its-trending-section-includes-topics-no-1776319308

19. https://www.theguardian.com/technology/2014/jul/20/rise-of-data-death-of-politics-evgeny-morozov-algorithmic-regulation

20. Pour sauver le monde, cliquez ici. Evgeny Morozov, *To save everything click here : the folly of technological solutionism*, New York, Public Affairs Books, 2013.

21. « Des utopies pour l'action publique. Les futurs démocratiques, économiques et numériques de l'État », 15e édition des Rencontres internationales de la gestion publique, 25 mai 2016.

22. Dominique Nora, « Ses réseaux, sa stratégie, ses méthodes... Le vrai pouvoir de Google en France », *L'Obs*, « Le vrai pouvoir de Google en France », 2 juin 2016.

23. Ibidem.

24. http://www.lemonde.fr/pixels/article/2016/06/29/apres-l-attentat-la-turquie-bloque-facebook-et-twitter_4960254_4408996.html

25. http://www.2020health.org/2020health/Publications/Publications-2014/Going-with-the-Flow.html

26. http://www.lemonde.fr/pixels/article/2014/10/16/on-devrait-traiter-la-silicon-valley-avec-la-meme-suspicion-que-wall-street_4507321_4408996.html

27. http://www.upress.umn.edu/book-division/books/summa-technologiae

28. Rapport du Conseil national du numérique (CNNum), « Ambition numérique - Pour une politique française et européenne de la transition numérique », juin 2015.

Partie II

1. http://lexpansion.lexpress.fr/actualite-economique/le-gouvernement-enterre-l-operateur-national-de-paye-onp_1498108.html

2. http://www.vie-publique.fr/decouverte-institutions/institutions/approfondissements/qu-est-ce-que-etat.html

3. Séminaire IGPDE, « Les futurs de l'action publique », http://video.finances.gouv.fr/lecteur_video/type/pr/id/41f61145cf474f0220f12aa520da53/keypub/fdpsSPhAfTLctuu5HPTg/lang/fr

4. Sébastien Soriano, « Construire l'État 3.0 », contribution de l'Arcep à une note du CAS.

5. Ibidem.

Chapitre 4

1. https://beta.gouv.fr/

2. Michel Berry parle lui d'« entreprenants ». *La Gazette de la société et des techniques*, n° 87, mai 2016.

3. « Fraude, indus, non-recours : comment faciliter le juste paiement des prestations sociales », Centre d'analyse stratégique, novembre 2012.

4. https://mes-aides.gouv.fr/, environ un millier d'utilisateurs quotidiens d'après : http://stats.data.gouv.fr/index.php?module=CoreHome&action=index&idSite=9&period=range&date=previous30#?module=VisitsSummary&action=index&idSite=9&period=range&date=previous30

5. https://doc.integ01.dev-franceconnect.fr/

6. http://www.laposte.fr/particulier/produits/presentation/digiposte/vos-donnees-securisees-a-vie

7. Elisabeth Grosdhomme Lulin, dans *L'État en mode start-up*, Paris, Eyrolles, avril 2016, rapportant l'expérience décrite sur https://www.cna.com.br/speakingexchange/

8. https://adresse.data.gouv.fr/

9. https://fold.it/portal/

10. http://www.actu-environnement.com/ae/news/collecte-pile-la-poste-porte-a-porte-27034.php4

11. Yann Algan et Thomas Cazenave (dir.), *L'État en mode start-up*, Paris, Eyrolles, 2016.

12. GAFAnomics season 2, FaberNovel, http://fr.slideshare.net/faberNovel/gafanomics-season-2-4-superpowers-to-outperform-in-the-network-economy/25-25Uber_has_built_its_whole

13. Nicolas Colin et Henri Verdier, *L'Âge de la multitude*, Paris, Armand Colin, 2015 (2e édition) ; GAFAnomics season 2 de FaberNovel.

14. Nicolas Colin et Henri Verdier, *L'Âge de la multitude*, Paris, Armand Colin, 2015 (2e édition).

15. Ibidem.

16. http://www.wired.com/2016/03/epic-story-dropboxs-exodus-amazon-cloud-empire/

17. Nicolas Colin et Henri Verdier, *L'Âge de la multitude*, Paris, Armand Colin, 2015 (2e edition).

18. Ibidem.

19. Ibidem.

20. http://www.informationweek.com/it-leadership/qanda-amazon-cto-werner-vogels/d/d-id/1075053

21. Rapport TheFamily, La Caisse des Dépôts, Le Groupe La Poste, *La transition numérique des transports en commun*, 2014.

Chapitre 5

1. Tim O'Reilly, « Government as a platform », *Innovations*, vol. 6 n° 1, hiver 2011.

2. Séminaire IGPDE, « Les futurs de l'action publique ».

3. https://api.gouv.fr/apis

4. https://api.gouv.fr/

5. Roland Barthes, *L'Empire des signes*, Paris, Seuil, 1970.

6. http://www.wedemain.fr/Paul-Duan-ce-petit-genie-des-data-qui-vous-veut-du-bien_a1102.html

7. https://www.plumelabs.com/

8. http://lapaillasse.org/

9. https://www.nouma.fr/

10. https://payfit.com/

11. Tim O'Reilly, « Government as a platform », *Innovations*, vol. 6 n° 1, hiver 2011.

12. Ibidem. « By thinking simple, Twitter allowed its users and an ecosystem of application developers to evolve new features and functionality. This is the essence of generativity. »

13. https://www.gov.uk/design-principles

14. https://playbook.cio.gov/

15. http://www.modernisation.gouv.fr/ladministration-change-avec-le-numerique/par-louverture-des-donnees-dans-les-administrations/le-programme-entrepreneur-dinteret-general-lance-prochainement

16. « Les données au service de la transformation de l'action publique », Rapport de l'Administrateur général des données au

Premier ministre sur la gouvernance de la donnée, décembre 2015, http://www.modernisation.gouv.fr/sites/default/files/rapport_agd_decembre2015.pdf.

17. Francis Jutand, *Rapport sur l'ouverture des données de transport*, mars 2015, http://www.developpement-durable.gouv.fr/IMG/pdf/vf_rapport_jutand.pdf

18. https://www.legifrance.gouv.fr/affichCodeArticle.do;jsessionid=DF970BF4A3DB3977894D12E66FFD37C8.tpdila22v_1?idArticle=LEGIARTI000031367384&cidTexte=LEGITEXT000031366350&dateTexte=20170127&categorieLien=id&oldAction=

19. http://www.ladocumentationfrancaise.fr/var/storage/rapports-publics/134000739.pdf

20. « Les données au service de la transformation de l'action publique », Rapport de l'Administrateur général des données au Premier ministre sur la gouvernance de la donnée, décembre 2015, www.modernisation.gouv.fr/sites/default/files/fichiers-attaches/rapport_agd_decembre2015.pdf

21. http://www.lemois-ess.org/media/client/gridfichier/panoramadeless2015-cncres-complet.pdf

22. http://lafrancesengage.fr/

23. http://blog.openclassrooms.com/blog/2015/04/16/francois-hollande-annonce-un-acces-illimite-a-openclassrooms-pour-tous-les-demandeurs-demploi/

24. https://openclassrooms.com/

25. Henri Verdier et Charles Murciano, « Les communs numériques : éléments d'économie politique », *Les Cahiers de la Chaire*, ESSEC Business School, n° 69, 28 avril 2016.

26. Rapport du Conseil national du numérique (CNNum), « Ambition numérique - Pour une politique française et européenne de la transition numérique », juin 2015.

27. Idibem.

28. « Les données au service de la transformation de l'action publique », Rapport de l'Administrateur général des données au Premier ministre sur la gouvernance de la donnée, décembre 2015.

29. Ibidem.

30. https://www.theguardian.com/technology/2014/jul/20/rise-of-data-death-of-politics-evgeny-morozov-algorithmic-regulation

31. C'est l'agence qui autorise la mise sur le marché américain des médicaments.

32. « Les données au service de la transformation de l'action publique », Rapport de l'Administrateur général des données au Premier ministre sur la gouvernance de la donnée, décembre 2015.

33. Ibidem.

34. Ibidem.

35. Michael Luca *et al.*, « Where Not to eat ? Improving Public Policy by Predicting Hygiene Inspections Using Online Reviews », Conference on Empirical Methods in Natural Language Processing, Seattle, Washington, 18-21 octobre 2013.

36. https://hbr.org/2015/02/city-governments-are-using-yelp-to-tell-you-where-not-to-eat

37. https://www.fixmystreet.com/

38. http://www.usine-digitale.fr/article/notre-vie-citoyenne-numerique-reste-a-construire.N270614

39. https://fr.wikipedia.org/wiki/Wikip%C3%A9dia:Statistiques

40. Sébastien Soriano, « Construire l'État 3.0 », contribution de l'Arcep à une note du CAS.

41. Ibidem.

42. http://www.wedemain.fr/Paul-Duan-ce-petit-genie-des-data-qui-vous-veut-du-bien_a1102.html

43. https://www.theguardian.com/technology/2014/jul/20/rise-of-data-death-of-politics-evgeny-morozov-algorithmic-regulation

44. Récupérer des données à l'aide de robots.

45. http://wetechcare.org/

46. Ibidem.

47. http://www.defense.gouv.fr/content/download/135220/1336475/Dicod-Cyber-Attaque.swf

48. http://www.01net.com/actualites/lestonie-denonce-les-cyber-attaques-terroristes-russes-350759.html

49. Eric Schmidt et Jared Cohen, *The New Digital Age. Reshaping the future of People*, Londres, John Murray, 2013.

50. https://jigsaw.google.com/

51. http://www.lemonde.fr/idees/article/2016/04/29/la-technologie-blockchain-redistribue-la-gouvernance-de-l-internet_4910831_3232.html

52. Une plateforme permettant de monter un État basé sur la blockchain, https://bitnation.co/

53. http://www.journaldunet.com/economie/finance/1176465-estonie-blockchain/

54. « Le protocole Blockchain et ses usages », note de synthèse, janvier 2016.

55. http://ec.europa.eu/newsroom/itemdetail.cfm?item_id=28275

56. https://www.bitcoinmining.com/bitcoin-mining-centralization/ et https://en.bitcoin.it/wiki/Comparison_of_mining_pools

Chapitre 6

1. http://www.gouvernement.fr/action/le-numerique-instrument-de-la-transformation-de-l-etat

2. Voltaire, *Candide ou l'Optimisme*, 1759.

3. Ibidem.

4. J. M Keynes, « Economic possibilities for our grandchildren », *N & A* et *Saturday Evening Post*, 1930.

5. Nicolas Colin et Henri Verdier, *L'Âge de la multitude*, Paris, Armand Colin, 2015 (2e édition).

6. « Université numérique, du temps des explorateurs à celui de la transformation », Rapport du Conseil national du numérique remis au secrétaire d'État à l'Enseignement supérieur et à la Recherche, mai 2016.

7. Projet de loi de finances 2016.

8. Nicolas Colin et Henri Verdier, *L'Âge de la multitude*, Paris, Armand Colin, 2015 (2e édition).

9. Formation de l'IGPDE sur l'État du futur.

10. Yann Algan et Thomas Cazenave (dir.), *L'État en mode start-up*, Paris, Eyrolles, 2016.

11. Rapport du Conseil national du numérique (CNNum), « Ambition numérique - Pour une politique française et européenne de la transition numérique », juin 2015.

12. Nicolas Colin et Henri Verdier, *L'Âge de la multitude*, Paris, Armand Colin, 2015 (2e édition).

13. Nassim Nicholas Taleb, *Le Cygne noir, la puissance de l'imprévisible*, Paris, Les Belles Lettres, 2007.

https://www.cairn.info/revue-afrique-contemporaine-2011-1-page-157.htm [ceci ne renvoie pas à l'ouvrage mais à un article de Armand Rioust de Largentaye de 2011]

14. Calliope Spanou, « Abandonner ou renforcer l'État webérien ? », *Revue française d'administration publique*, 2003, n° 105-106, p. 109-120.

15. Ibidem.

16. Ibidem.

17. Max Weber, « La bureaucratisation [...] est l'ombre inséparable de la démocratie de masse », *Économie et société*, Paris, Plon, 1971/1995, tome 1, p. 300.

18. Calliope Spanou, « Abandonner ou renforcer l'État webérien ? », *Revue française d'administration publique*, 2003, n° 105-106, p. 109-120.

19. Ibidem.

20. P. Duran et J.-C. Thoenig, « L'État et la gestion publique territoriale », *Revue française de science politique*, vol. 46 ; n° 4, 1996, p. 580.

21. Calliope Spanou, « Abandonner ou renforcer l'État webérien ? », *Revue française d'administration publique*, 2003, n° 105-106, p. 109-120.

22. C.J. Fox et H.T. Miller, « Legitimacy is in the doing of something... For us the crucial question [...] is what should we do next ? », *Postmodern Public Administration*, New York, Sage, 1995.

23. Séminaire IGPDE, « Les futurs de l'action publique », http://video.finances.gouv.fr/lecteur_video/type/pr/id/41f61145cf474f0220f12aa520da53/keypub/fdpsSPhAfTLctuu5HPTg/lang/fr

24. « Des utopies pour l'action publique. Les futurs démocratiques, économiques et numériques de l'État », 15e édition des Rencontres internationales de la gestion publique, 25 mai 2016.

25. http://lexpansion.lexpress.fr/actualites/1/actualite-economique/rifkin-presente-son-projet-pour-le-nord-pas-de-calais_1472287.html

26. Jean-François Caron, « Loos-en-Gohelle, laboratoire du développement durable », *Le journal de l'école de Paris du management*, n° 83, 2010, p. 50.

27. Philippe d'Iribarne, *La Logique de l'honneur. Gestion des entreprises et traditions nationales*, Paris, Seuil, 1989.

28. Mazarine Pingeot, « La fin du symbolique », *le 1*, « À quoi sert le Président ? », n° 108, 25 mai 2016.

29. Nicolas Colin et Henri Verdier, *L'Âge de la multitude*, Paris, Armand Colin, 2015 (2e edition).

30. Rapport du Conseil national du numérique (CNNum), « Ambition numérique - Pour une politique française et européenne de la transition numérique », juin 2015.

31. http://www.economie.gouv.fr/files/files/directions_services/igpde-editions-publications/revuesGestionPublique/IGPDE_Reactive_Suede_avril_2016.pdf

32. http://www.francedigitale.org/actualite-media/pour-le-numerique-2017-cest-maintenant-2/

Chapitre 7

1. https://prezi.com/siukx_zakf-4/les-7-familles-de-linnovation-democratique/

2. http://www.dailymotion.com/video/x1vktra_discours-de-serge-lasvignes-a-la-conference-de-paris_tech

3. Mazarine Pingeot, *La Dictature de la transparence*, Paris, Robert Laffont, avril 2016.

4. http://www.economie.gouv.fr/files/files/directions_services/igpde-editions-publications/revuesGestionPublique/IGPDE_Breves_avril_2016.pdf

5. http://www.arcep.fr/iot/

6. http://www.la27eregion.fr/audrey-tang-fork-the-government-22/

7. http://www.economie.gouv.fr/files/files/directions_services/igpde-editions-publications/revuesGestionPublique/IGPDE_Breves_avril_2016.pdf

8. http://lemonde.fr/idees/article/2016/05/25/une-experience-pionniere-de-democratie-numerique-a-taiwan_4926104_3232.html

9. http://www.la27eregion.fr/audrey-tang-fork-the-government-22/

10. Tim O'Reilly, « Government as a platform », *Innovations*, vol. 6 n° 1, hiver 2011.

11. Discours prononcé lors du lancement officiel de l'appel à projet France Expérimentation, 29 juin 2016.

12. John Dewey, *Le public et ses problèmes*, 1927.

13. http://www.ac-creteil.fr/pid32865/les-parents-partenaires-de-l-ecole.html

14. Nicolas Colin et Henri Verdier, *L'Âge de la multitude*, Paris, Armand Colin, 2015 (2e édition).

15. *System of special arrangements for corporate field*, dossier de presse France Expérimentation, 29 juin 2016.

16. Historien et sociologue français, voir http://www.laviedesidees.fr/l-universalisme-democratique.html

Conclusion

1. Formation de l'IGPDE sur l'État du futur.

2. http://content.time.com/time/magazine/article/0,9171,1570810,00.html

Liste des sigles

AAI Autorité administrative indépendante

ADEME Agence de l'environnement et de la maîtrise de l'énergie

API Application Programming Interface

APUC Administration publique centrale

APUL Administration publique locale

ARCEP Autorité de régulation des communications électroniques et des postes

ASN Autorité de sûreté nucléaire

ASSO Administration de sécurité sociale

BAN Base adresse nationale

CDO Chief Data Officer

CNC Centre national du cinéma et de l'image animée

CNIL Commissions nationales de l'informatique et des libertés

CNNum Conseil national du numérique

CNRS Centre national de la recherche scientifique

DINSIC Direction interministérielle du numérique et du système d'information et de communication de l'État

FDA Food and Drug Administration

FUN France Université Numétique

GAFA Google, Apple, Facebook et Amazon

HAS Haute Autorité de santé

IGN Information géographique et forestière

INSEE Institut national de la statistique et des études économiques

MOOC Massive Open Online Course

MVNO Mobile Virtual Network Operators

NHS National Health Service

NSA National Security Agency

ODAC Organismes divers d'administration centrale

OGP Open Government Partnership

ONG Organisation non gouvernementale

ONU Organisation des Nations unies

OTT Over the top

PRE Programme de réussite éducative

SBF Société des bourses françaises

SEM Search Engine Marketing

SGMAP Secrétariat général pour la modernisation de l'action publique

STSISI Service des technologies et des systèmes d'informations de la sécurité intérieure

TRAI Telecom Regulatory Authority of India

Index

261786 - (I) - OSB 90° - PCA - NRI

JOUVE
1, rue du Docteur Sauvé, 53100 MAYENNE
N° 2512201C
Dépôt légal : mars 2017

Imprimé en France